Der Baby-Führerschein

Ingeborg Scheffler

Der Baby-Führerschein

Die wichtigsten Regeln
für einen guten Start ins Eltern-Leben

OBERSTEBRINK
ELTERN-BIBLIOTHEK

Die Oberstebrink Eltern-Bibliothek

Die Oberstebrink Eltern-Bibliothek bietet Lösungen für die wichtigsten Eltern-Probleme und gibt Antworten auf die häufigsten Eltern-Fragen. Von Experten, die in ihrem Fachgebiet auf dem neuesten Wissensstand sind und in ihrer Praxis täglich Eltern beraten und Kinder behandeln.
Die Bücher der Oberstebrink Eltern-Bibliothek werden von KinderärztInnen, Hebammen, ErzieherInnen, LehrerInnen und Familien-TherapeutInnen laufend eingesetzt und empfohlen. Eltern schätzen diese Ratgeber besonders, weil sie leicht verständlich sind und sich alle Ratschläge einfach und erfolgreich in die Tat umsetzen lassen.
Eine Übersicht über alle Bücher finden Sie auf den letzten Seiten dieses Buches.

1. Auflage, 2006

Fotos:	Kunterbunt (Titel), privat
Gestaltung:	Oberstebrink
Satz und Herstellung:	AALEXX Druck GmbH Printed in Germany
Verlag:	Oberstebrink Verlag GmbH Bahnstr. 44 · 40878 Ratingen Tel. 0 21 02/771 770-0 · Fax 0 21 02/771 770-21 e-mail: verlag@oberstebrink.de www.oberstebrink.de
Vertrieb:	Cecilie Dressler-Verlag GmbH & Co. KG Poppenbütteler Chaussee 53 · 22397 Hamburg
ISBN:	3-934333-22-2

Liebe Eltern

Die Welt ist voller Vorschriften, Lernprogramme und Prüfungen. Für alles und jedes muss man Tests bestehen, Scheine machen und Examina schaffen. Nur die wichtigste Aufgabe der Welt – das Elternsein – bringt einem keiner bei. Eine Eltern-Ausbildung gibt es nicht, ein Berufsbild „Eltern" auch nicht – und einen Qualifikations-Nachweis schon gar nicht.

Der Baby-Führerschein – dieses Buch hilft Eltern, ihre neuen Aufgaben zu verstehen und zu beherrschen. Junge Eltern erfahren, wie einfach es ist, ihr Kind auf natürliche Weise in seiner Entwicklung zu begleiten, zu fordern und zu unterstützen.

Ich weiß, dass ein Kind in den ersten drei Lebensmonaten mehr lernt als ein Student in vier Jahren. Und, dass das kindliche Gehirn sich im ersten Lebensjahr so schnell entwickelt wie nie wieder im ganzen Leben.

Seit Jahren ist es mein größtes Anliegen, Eltern anzuleiten, diese unglaublich wichtige Zeit mit Sinn und Verstand zu nutzen. Das klingt anspruchsvoll und schwierig, ist aber spektakulär einfach zu erreichen.

Als Lehrmeister für das Kind werden die Eltern, die Wohnung, die praktischen täglichen Handlungen des Lebens, also das ganz normale Umfeld, herangezogen. Mehr nicht – und das bereits in den ersten Lebenswochen.

Allein die Beobachtung seines unmittelbaren Lebensraumes ist beste Unterhaltung für jedes Kind. Dabei wird das Kind die Körpersprache der Eltern, ihre Stimmen, ihre Bewegungen und Handlungen monatelang studieren und für sein ganzes Leben speichern. Zunehmend wird es sich jedes Detail aus seiner nächsten Umgebung einprägen.

Auf Sonderunterhaltung und Animation mit Unmengen von Spielzeug kann komplett verzichtet werden. Der Reichtum ist im Kind selbst. Es ist erstaunlich, wie wenig nötig ist, um die Fähigkeiten eines Kindes zur Entfaltung zu bringen.

So erlebt ein junges Elternpaar in diesem Buch innerhalb kürzester Zeit eine Wandlung im Zusammenleben mit seinem Kind. Aus anfänglich extrem anstrengenden und schwierigen Wochen entwickelt sich ein harmonisches und stressfreies Miteinander.

Liebe Eltern, lesen Sie und machen Sie es dem erzählenden Elternpaar einfach nach. Lehren Sie Ihr Kind das Selbstverständliche. Denn das hat Hand und Fuß. Lassen Sie sich in Ruhe auf jedes einzelne Kapitel ein.
Eltern, die dieses Buch lesen, müssen anschließend keine „Führerschein"-Prüfung bestehen. Aber sie haben viel über ihre Rolle und ihre Aufgaben als Eltern gelernt. Deshalb werden sie sich entsprechend ruhig, sicher und gelassen verhalten. Und ihr Kind profitiert davon. Weil es Eltern hat, die auf ihre natürliche, intuitive Eltern-Kompetenz vertrauen.

Ich wünsche Ihnen viel Spaß beim Lesen und viel persönlichen Gewinn für sich und Ihr Kind.

Ihre
Ingeborg Scheffler

Wir haben viel gelernt

Ich bin Sabine, die Mutter von Marie. Mein Mann heißt Thomas. Marie ist unser erstes Kind. Niemand hat uns vor der Geburt beigebracht, was es heißt, Eltern zu sein und diese Riesenaufgabe zu bewältigen. Wir waren einfach glücklich über unser Kind und haben ihm unsere ganze Liebe gegeben. Wenn Probleme auftauchten, haben wir versucht, sie zu lösen, so gut wir konnten. Aber das hat nicht immer geklappt.

Zum Glück lernten wir recht bald eine Expertin kennen – eine Hebamme, die inzwischen als Physiotherapeutin arbeitet: Ingeborg Scheffler. Sie hat uns entscheidende Hinweise und Tipps gegeben, wie einfach es sein kann, sein Kind von Anfang an so zu behandeln, dass es auf natürliche Weise ohne unnötigen Stress aufwächst. Im Grunde sind es nur ein paar simple aber wichtige Erkenntnisse, die man beherzigen muss, damit Eltern und Kind harmonisch zusammenleben.

Mit unserem Kind gemeinsam haben wir viel gelernt. Deshalb können wir heute sagen: Wir haben den „Baby-Führerschein" gemacht. Wir freuen uns, wenn Sie unsere Erfahrungen für sich und Ihr Kind nutzen können.

Sabine, Thomas
und Marie

Das Gras
wächst nicht schneller,
wenn man daran zieht

(Afrikanisches Sprichwort)

Ihr Leitfaden für dieses Buch

Zu jedem Schwerpunkt-Thema werden die entsprechenden Entwicklungs-Abläufe und -stufen über mehrere Monate bzw. Jahre hinweg geschildert. Das nächste Kapitel beginnt dann jeweils wieder beim ersten Entwicklungs-Schritt des nächsten Schwerpunkt-Themas.
Das Kind wird also nicht von Kapitel zu Kapitel immer älter, sondern jedes Kapitel hat seinen eigenen zeitlichen Ablauf, der auf das jeweilige Thema abgestimmt ist. Das hat den Vorteil, dass Sie nicht sofort das ganze Buch von Anfang bis Ende lesen müssen, sondern sich – nach Ihrem persönlichen Interesse – durchaus bestimmte Themen herauspicken können.
Übrigens: Die Mutter, die hier ihre Erlebnisse und Erfahrungen schildert, erzählt von ihrer eigenen kleinen Familie – von sich selbst, von ihrem Mann und von der kleinen Marie. Aber das, was sie berichtet, gilt natürlich nicht nur für Marie, sondern für alle kleinen Mädchen und Jungen in den ersten zwei bis drei Lebensjahren.

INHALT

1

Unser Chaos mit Kind

Wir wohnen in einem Mietshaus. Unser Kind ist jetzt zehn Wochen alt. Seit es auf der Welt ist, hat sich mein gewohntes alltägliches Leben komplett verändert. Ich komme zu nichts anderem mehr, als mich ausschließlich darum zu kümmern, dass unsere kleine Marie satt, trocken, ruhig und zufrieden ist.
Meine eigenen Bedürfnisse sind völlig in den Hintergrund getreten. Mein Schlaf hat sich auf ein Minimum reduziert. Manchmal merke ich erst am Abend, dass ich mal wieder nicht zum Essen gekommen bin und sogar noch den Schlafanzug oder den Morgenmantel anhabe. Der Haushalt mit Waschen, Putzen und Einkaufen wird vernachlässigt, ja sieht inzwischen ziemlich desolat aus.
Langsam bekomme ich Panik, dass beides auch niemals zu schaffen sein kann: ein zufriedenes Baby und ein intakter Haushalt.
Wie auch? Wurde doch im Krankenhaus von den Hebammen und Säuglingsschwestern mit Nachdruck bestimmt, das Kind keinesfalls weinen zu lassen und zu füttern, wann immer es trinken möchte. Voller guter Vorsätze nahm ich mir dieses großartige Verhalten auch vor, während ich noch im Krankenhaus lag. Auch zu Hause hatte ich noch für ein paar Tage die Kraft und das unerschütterliche Engagement.

Als aber die Schrei- und Stillabstände immer kürzer wurden, blieb plötzlich überhaupt keine Zeit mehr für irgendwas anderes als zu beruhigen, zu stillen, herumzutragen und mit Rasseln und anderen Unterhaltungen vom Schreien abzulenken.
Bis auf kurze Pausen trage ich mein Baby. Leichtes Rütteln und ein ständiger Psst-Laut auf meinen Lippen sollen helfen, es zu beruhigen. Meistens liegt die Kleine auf meiner linken Schulter. Ihre Wange ist an mein Gesicht geschmiegt und das Köpfchen liegt auf der Seite. So fühlt sie sich am wohlsten.
Ich kann mir nicht vorstellen, wann sich daran jemals was ändern wird. Langsam wird es dramatisch, wenn ich wirklich einen Augenblick ohne mein Kind etwas tun muss.
Ich möchte duschen, lege die Kleine also ins Bettchen, wo sie aber ihre Empörung sofort lauthals kundtut. In Windeseile mache ich mich fertig und versuche, sie im Babywipper mit dem Trapezspielzeug zu beschäftigen. Für einen Moment gelingt das auch, aber nach ein paar Minuten weint sie und bald „schreit sie sich schon wieder fast weg."
Also: Wieder auf die Schulter nehmen, ein bisschen stillen und einen Moment auf der Couch im Wohnzimmer parken. Ich packe Kissen und einen Stuhl davor – aus Angst, sie könnte von der schmalen Sitzfläche rutschen. Eine Weile schaut sie zu mir herüber.
Den Tag über variiere ich so zwischen Bettchen, Babywipper, Arm, Couch und sogar zwei zusammengeschobenen Sesseln. Das Trapez oder die Rassel, die Spieluhr und das Quietschentchen sind immer dabei. Mindestens alle ein bis zwei Stunden stille ich. Sie trinkt wenig, dreht sich unruhig weg von der Brust. Dann will sie aber plötzlich doch wieder.
Wie gewohnt gehe ich schaukelnd und wiegend auf und ab. Sobald ich still stehe oder gar den Versuch mache sie hinzulegen, wird sie sofort unruhig – und dann geht das Schreien wieder los. Allmählich verselbständigt sich diese Art des Miteinanders. Aber mir wurde ja gesagt und ich habe es auch überall gelesen: Mein Kind darf nicht weinen und soll in den ersten Monaten, wann immer es will, gestillt werden.
Das heißt: Auch in den Nächten tragend durch die Wohnung wandern, stillen, in den Schlaf wiegen. Damit das Baby bloß ruhig ist. Mein Mann muss ja

schließlich morgens aufstehen und ausgeschlafen sein. Und irgendwann werden sich auch die Nachbarn über das nächtliche Babyschreien beschweren. Ich bin hin- und hergerissen zwischen der vorgeschriebenen Pflicht, mein Baby ständig zu beruhigen und zu füttern, und dem Bedürfnis, mir auch einmal Ruhe zu verschaffen.

Unsere Stimmung ist gedrückt. Wir wollten so gute Eltern sein. Bei uns sollte es anders gehen als bei den bekannten und verwandten Elternpaaren, die uns vorher Ähnliches erzählt hatten.

Mein Mann kann es nach der Arbeit kaum erwarten, unsere Kleine zu sehen und mit ihr zu schmusen und zu spielen. Diese rührende Zweisamkeit zwischen dem Papa und unserem süßen Kind dauert aber nie lange. Marie wird bald wieder unruhig. Jetzt am Abend sogar noch heftiger als tagsüber.

Wir versuchen, sie wie üblich mit vielen Tricks zu beruhigen und wechseln uns ab mit der Einschlafprozedur. An ihrem Bettchen vollbringen wir wahre Kunststücke, um sie zum Einschlafen zu bringen. Jedes Mal wird es ein Abend und eine Nacht mit vielen Unterbrechungen. Immer häufiger nehmen wir sie jetzt mit in unser Bett.

Wir schlafen natürlich entsprechend schlecht. In der Angst, sie zu bedrängen oder gar zu erdrücken, liegen wir rechts und links an der Bettkante – und unsere Kleine hat die große Mitte für sich. Erholsam ist der Schlaf für uns alle drei nicht.

Ich fühle mich inzwischen erschöpft und müde. Das Miteinander mit meinem Mann ist auch nicht mehr so gelöst und ungezwungen wie früher.

Natürlich kommen die Großeltern, so oft es geht, um ihr Enkelchen zu besuchen. Vollbeladen mit Spielzeug-Geschenken, die rasseln, klappern und klingeln und in den grellsten Farben leuchten. Die Großeltern sind immer wieder enttäuscht, wenn unserer Kleinen das alles schnell zuviel wird. Dann schreit sie, wird ganz steif und dreht das Köpfchen weg. Zum Trost wird sie herumgetragen und vom einen zum anderen weitergereicht.

Nach diesen Besuchen sind die folgenden Stunden und Nächte das reine Chaos. Ich brauche meinen vollen Einsatz, um wieder eine annähernde Normalität herzustellen. Aber wir trauen uns nicht, unsere Eltern von ihren wohlgemeinten Besuchen abzuhalten. Wir wollen sie ja nicht vor den Kopf stoßen.

Inzwischen habe ich allmählich erkannt, dass es uns haargenau so geht wie unseren Freunden und Verwandten mit Kindern. Sie hatten uns ja bereits, bevor Marie geboren war, von Schlaflosigkeit, Ratlosigkeit und dem ewig schlechten Gewissen berichtet, als Eltern nicht gut genug zu sein.
Unser Kind ist süß. Wir lieben es über alles und fangen langsam an zu akzeptieren, dass es, so wie es läuft, wohl normal ist. Ich besorge mir Vitamine und Nahrungsergänzungsmittel, damit ich bei Kräften bleibe. Manchmal beneide ich meinen Mann um seine Ruhe und Regelmäßigkeit im Büro.
Marie ist inzwischen drei Monate alt. Um ihre körperliche Entwicklung zu kontrollieren, gehe ich regelmäßig mit dem gelben Vorsorgeheft zum Kinder- und Jugendarzt. Heute geht es um die 4. Vorsorge-Untersuchung (U4). Der Arzt untersucht die so genannten Lagereaktionen. Die Kleine macht sich ganz steif – und er zeigt mir, dass eine Körperseite verspannter und verkürzt ist. Auch das Köpfchen ist mehr zu einer Seite gedreht. Ich bin sofort beunruhigt. Auch das noch: Mit unserem Kind stimmt was nicht.
Der Arzt ist reizend und beruhigt mich. Er nimmt sich Zeit und geht mitfühlend auf meine Ängste und Sorgen ein. Sein Rat: Wir sollen es beobachten, aber vorsichtshalber schon mal zu einer Physiotherapeutin gehen. Mit diesem deprimierenden Ergebnis und der Verordnung für Physiotherapie an unserer Pinwand erwarte ich abends meinen Mann. Wir sind beide völlig fertig und fragen uns, was jetzt noch auf uns zukommt.
Unser Kind ist schief und verspannt! Wie soll bei so einem Winzling die Gymnastik gehen, um es entspannt und gerade zu bekommen?
Tatsächlich fällt uns erst jetzt auf, dass unser Baby kaum geradeaus schaut und die Arme oft angewinkelt mit fest geschlossenen Fäustchen neben dem Kopf hat. Außerdem überstreckt es das Köpfchen häufig. Jetzt habe ich also noch mehr zu tun – nämlich regelmäßig zur Physiotherapie zu gehen.
Ich lasse mir Termine geben. Leider haben wir noch eine Wartezeit von zehn Tagen. Bis dahin beobachte ich ständig die Haltung des Köpfchens und der Körperseite. Um irgendwas zu tun, hänge ich den bunten Perlenkasper jetzt auf die andere Seite des Bettchens – in der Hoffnung, den Blick zu dieser Seite zu locken. Aber wie magnetisiert bleibt der Kopf zur anderen Seite gedreht. Die Rasseln und das Quietschentchen zeige ich ihr jetzt auch immer von der un-

gewohnten Seite. Für einen kurzen Augenblick schaut sie hin – und schon geht das Köpfchen wieder in seine gewohnte Position.
Ich hoffe jetzt auf die Physiotherapie, um ernsthaft zu erfahren, wie die Symmetrie hergestellt werden kann.

Wir hatten von Anfang an die besten Vorsätze. Aber nichts lief so, wie wir es uns vorgestellt hatten. Langsam bekommen wir das Gefühl, das wir zwar Eltern sind – aber Eltern ohne Ausbildung. Offenbar fehlt uns so was wie ein „Baby-Führerschein“.

Dazu sagt die Expertin:

- Das harmonische Miteinander zwischen Ihnen und Ihrem Baby kann schnell überlagert werden durch den einzigen Wunsch, Ihr Kind ruhig zu halten
- Der Ratschlag, ein Kind um keinen Preis weinen zu lassen und zu füttern, wann immer es trinken will, führt oft zu einem völlig ungeordneten Tagesablauf, zu Erschöpfung und zu Stress

2

Mein Schlüsselerlebnis

Unser erster Termin bei der Physiotherapeutin ist morgens um halb elf. Mit meinem Baby auf dem Arm schaue ich mir den Warteraum an. Es gibt einen kleinen Empfangs-Tresen, ein paar Stühle und in einer Ecke eine weiche Spielmatte. Ein großes Blumenfenster und Bilder an den Wänden machen einen einladenden Eindruck. Was mir auffällt: Es gibt kein Spielzeug. Ich wundere mich. Denn es soll doch eine Praxis für Kinderbehandlungen sein.
Erst später erfahre ich, dass sich dahinter eine sehr interessante Absicht verbirgt. An einer Pinwand hängen einige Informations-Blätter. Da steht, wie viel – oder besser gesagt: wie wenig – Spielzeug ein Kind braucht und, dass die Bewegung im Liegen beginnt.
Es sind Fotokopien von kurzen Zeitungsausschnitten. Ich überfliege sie und erfahre, dass Babys auf den Fußboden sollen und das auch noch ohne Spielzeug! O je – was erwartet mich hier? Auf dem Fußboden kann ich mir unser Kind überhaupt nicht vorstellen. Und ohne sein Spielzentrum und die bunten Rasseln langweilt es sich bestimmt entsetzlich.
Endlich geht die Tür des Behandlungsraumes auf – und eine andere Mutter kommt mit ihrem Kind heraus. Aber sie hat es nicht auf dem Arm, sondern

zieht es auf einer Decke einfach über den Boden. Der obere Rand der Decke ist gefaltet. Dadurch liegt das Köpfchen leicht erhöht. Das Kind liegt entspannt, spielt mit seinen Händchen und schaut sich fasziniert den Warteraum an. Als es uns entdeckt, hält es die Augen auf uns gerichtet. Dann betrachtet es, wie sich seine Mutter in aller Ruhe ihre Jacke anzieht.

Ich kann mich nicht zurückhalten und sage, wie erstaunt ich über ihr entspanntes, geduldiges Kind bin. Ich schätze, ihr Kind ist ungefähr so alt wie Marie. Ich erzähle ihr, dass unsere Kleine nie lange ohne Beschäftigung und Animation zufrieden ist. Dass sie ihren Missmut und ihre Langeweile sofort mit Weinen kundtut und wir immer hektischer irgendwelche Aktionen veranstalten, um sie zufrieden zu stellen.

Ich kenne die Frau nicht. Aber ich muss ihr einfach erzählen, wie es bei uns läuft. Und was sie mir dann sagt, das macht mir richtig Hoffnung: Ihr Kind war wie unseres und ihre Situation war genauso wie unsere. Durch die Therapie hat sie ein ganz anderes Verhalten gelernt. Das hat ihr Leben mit Kind total zum Positiven verändert. Und zwar auf überraschend einfache Weise.

Das kurze Gespräch mit der Mutter hat mich etwas beruhigt. Ich bin jetzt gespannt, was ich heute lernen werde. Wir gehen in den Behandlungsraum. Er ist groß und hat freundliche klare Farben. Ich halte mein Baby fest auf dem Arm. Die Therapeutin begrüßt mich. Marie hört sie und dreht sich nach vorn, um sie auch zu sehen.

Die Therapeutin hält gebührenden Abstand und erklärt mir, dass wir der Kleinen erstmal Zeit geben müssen, um die ungewohnte Umgebung mit der fremden Person aus der Entfernung auf sich wirken zu lassen. Dabei soll ich sie so tragen, dass sie nach vorn schauen kann und sich nicht verdrehen muss.

Das leuchtet mir sofort ein. Ich frage mich, warum ich mein Baby immer über der Schulter trage, von wo aus es die Welt ja auch tatsächlich nur von rückwärts erleben kann. Außerdem fällt mir jetzt auf, dass es sich dabei immer über seine bevorzugte Seite dreht – die Arme weit auseinander, um in den Raum und zu den Personen zu schauen.

Ich folge jetzt dem Rat der Therapeutin und trage Marie so, dass sie nach vorn schauen kann. Und schon dreht sie den Kopf nach rechts und links. Sie fixiert die Therapeutin und durchwandert den ganzen Raum mit den Augen.

Sich umdrehen müssen, um den Raum zu sehen: falsch

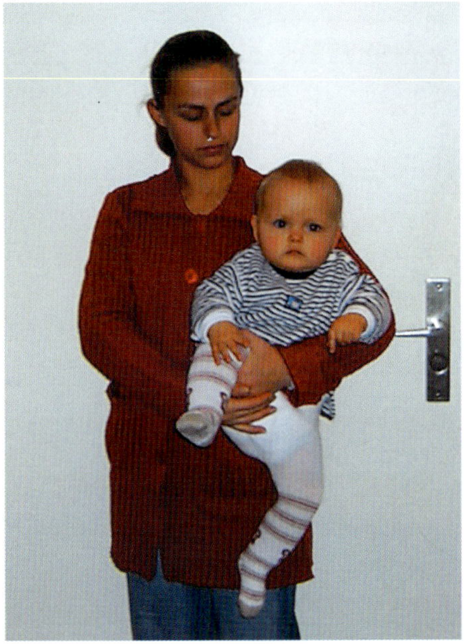

Nach vorn schauen, ohne sich verrenken zu müssen: richtig

Vorher habe ich mir nie Gedanken über die Haltung meines Kindes beim Tragen gemacht. Für mich war es normal, mein Baby hochzunehmen, es an meine Schulter zu legen und sein Köpfchen zu stützen. Ich hatte als Mutter immer das Gefühl, dass mein Kind so einen innigeren Kontakt zu mir hat. Dass ein Kind allein durch den Vorgang des Hochhebens und durch das Tragen Körperkoordination und Gleichgewicht lernen kann, hatte ich noch nicht gehört. Ich gebe der Therapeutin mein Kind – und sie zeigt mir das Hochnehmen und den so genannten Tragegriff: Sie umgreift den kleinen Brustkorb von vorn mit beiden Händen unter den Achseln. Die Daumen sind vorn, die Finger um die Schulterblätter gelegt. Jetzt rollt sie Marie langsam in die Bauchlage auf ihre untere Hand und hebt sie vorsichtig an ihren Körper hoch.

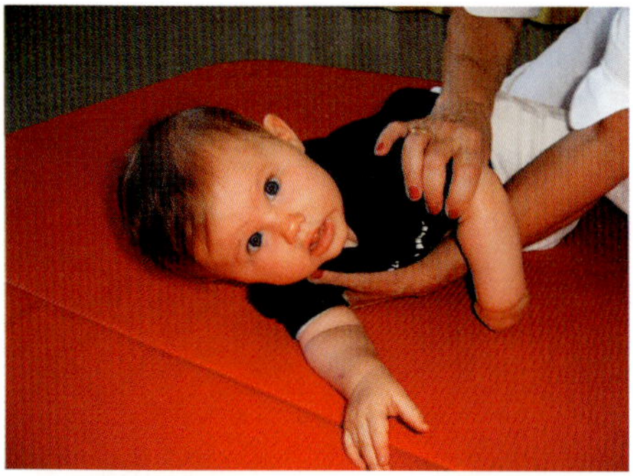

Umdrehen …

… auf die untere Hand legen …

… hochnehmen …

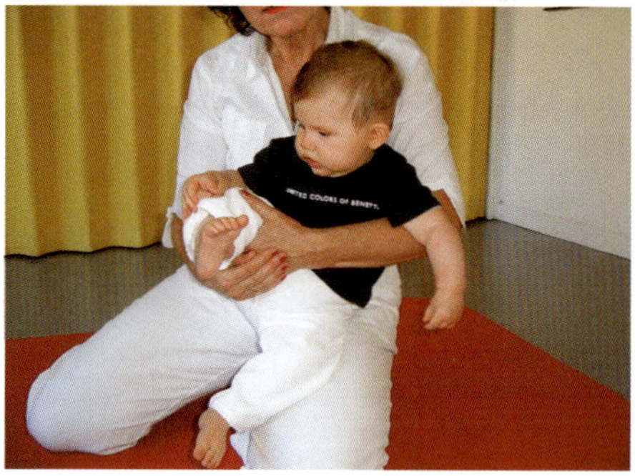

… und tragen: Der Tragegriff

Nun hält sie sie mit dem Rücken an sich – mit dem Blick nach vorn – und greift vor dem Körper entlang an das zu ihr gewandte Beinchen. Ihr Arm hält mein Kind wie ein Sicherheitsgurt. Fürs Kind ist der Körperkontakt jetzt besser, weil es sich mit seinem ganzen Rücken an die tragende Person anschmiegen kann.

Natürlich sieht die Physiotherapeutin auch die verstärkte Orientierung zu einer Seite. Gemeinsam überlegen wir, ob es nicht daran liegen könnte, dass ich die täglichen Handgriffe mit unserem Kind immer über meine Lieblingsseite mache. Ob nicht viele Dinge in der häuslichen Umgebung seinen Blick zu immer der gleichen Seite locken. Ob ihm nicht Mobile, Bilder und sonstige Animationen immer über diese eine Seite angeboten werden.

Mir fällt sofort einiges ein – zum Beispiel das Bild und das Mobile über dem Wickeltisch und der Perlenkasper an der einen Seite des Bettchens. Ich nehme mir sofort vor, in der Wohnung nach Dingen zu suchen, die vielleicht noch mehr die Einseitigkeit fördern.
Die Therapeutin sagt, ich soll in den nächsten Tage langsam versuchen, unser Baby öfter mal auf eine Decke zu legen, damit es vom Boden aus seine häusliche Umgebung mit den Augen erfahren kann. Ich soll unsere Kleine sogar über den Boden mit in die Räume ziehen, in denen ich längere Zeit bin, um Hausarbeit zu machen. Das kann ich mir im Moment gar nicht vorstellen, weil ich ja seit Wochen keine Hausarbeit mehr mache, sondern nur schnell, schnell das Allernötigste erledige. Ansonsten trage, tröste, beschäftige und beruhige ich. Sollte ich es dennoch schaffen, dass Marie auch nur für einige Momente auf der Decke bleiben möchte, soll ich die Decke so hinlegen, dass sie über ihre ungeübte Seite zu mir hinschauen muss.
In der Praxis gibt es eine schmale Decke aus einem weichen Material. Eingenäht ist ein kleines Kopfkissen, damit das Köpfchen in Rücken- und Seitenlage leicht unterstützt wird. Diese Unterstützung ist eine gute Hilfe, um aus der Rückenlage besser in den Raum sehen zu können.

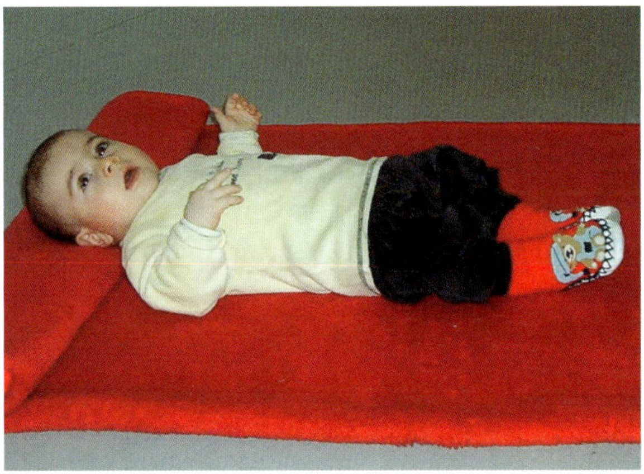

Vom Boden aus die Welt entdecken

Damit der Rücken angenehm weich und warm liegen kann, ist eine Isomatte in die Decke eingearbeitet. Zum Mitziehen in alle Räume sind Schlaufen am unteren Ende angebracht.
Die Physiotherapeutin legt unser Kind auf diese praktische Decke. Ich bin neugierig, ob unsere kleine Marie einen Moment darauf liegen bleibt – und sich vielleicht sogar so niedlich mitziehen lässt, wie es das Kind vor uns vergnügt mit sich geschehen ließ. Ich lege sie auf die Decke. Sie protestiert zum Glück nicht. Da liegt sie nun und ich setze mich daneben. Erstaunt schaut sie um sich und sucht mich mit den Augen.
Ich rassele mit unserer mitgebrachten Kugelkette mit den Glöckchen. Aber die Physiotherapeutin gibt zu bedenken, dass Marie sicher mich sucht und nicht dieses aufdringliche Geräusch. Das macht mich sogar direkt stolz. Stimmt auch! Soll ich mich etwa durch solche Glöckchen ersetzen lassen?
Um meine Kleine auf mich aufmerksam zu machen, lege ich mich richtig zu ihr und berühre ihr Gesicht mit meinem. Ich sage leise, dass ich da bin. Klopfe leicht auf ihre Beinchen und drücke ihre Hand. Jetzt fühle ich mich unserem Kind genauso nah wie beim Herumtragen.
Kaum zu glauben: Mein Baby bleibt längere Zeit ruhig und lächelt mich sogar an. Ich finde, dass wir mit dieser einfachen Maßnahme gerade dabei sind, richtig viel für unser künftiges Miteinander zu lernen.
Für den Anfang hat Marie es schon ganz schön lange auf dem Boden ausgehalten. Wir wollen nicht an ihre Toleranz-Grenze gehen. So ist unsere erste Therapiestunde für heute beendet.
Und wie kommen mein Kind und ich zurück ins Wartezimmer? Ganz einfach: So, wie ich es mir vor einer halben Stunde noch nicht vorstellen konnte. Ich ziehe unsere Kleine auf der Decke mit – wie die andere Mutter vor mir. Sie schaut sich erstaunt die Umgebung an, die an ihr vorbeizieht. Die wartenden Patienten sind ganz gerührt über das süße Baby dort unten auf dem Boden.
Auf der Heimfahrt geht mir durch den Kopf, warum man vor Babys immer etwas Buntes, Geräusche Machendes hin und her schwenkt. Wie würde ich mich beim Fahren fühlen, wenn vor meinem Gesicht irgendwas herumbaumelte?
Als erstes werde ich die bunte Perlenschnur abbauen, die quer vor dem Verdeck des Kinderwagens vor den Augen unseres Kindes hängt. Wie soll es denn

in Ruhe die Wolken, die Bäume und Vögel, die Häuser und vorbeigehende Menschen sehen, wenn zwischen der interessanten Umwelt und seinen Augen bunte, klappernde Kugeln stören? Allmählich wird mir klar, warum in der Praxis nirgendwo Spielzeug zu sehen war.

Abends ist mein Mann gespannt und neugierig, wie unser Besuch bei der Therapeutin verlaufen ist. Er kann nicht glauben, was ich ihm da erzähle: Unser Kind soll auf die Erde. Und wir sollen auch runter zum Kind. Aber: Warum eigentlich nicht? Heben und tragen wir es doch tatsächlich immer nur auf unserer Erwachsenen-Ebene herum, um uns selbst nicht bücken zu müssen. Vom bunten schrillen Plastikspielzeug sollen wir uns auch verabschieden. Unsere Elternwelt – und vor allem die Großeltern-Welt – wird ja völlig auf den Kopf gestellt.

Nachdem ich Marie gestillt habe, legen wir sie zum ersten Mal auf das Deckenlager und setzen uns auf den Boden dazu. Wir haben einfach einen Sessel weggeschoben. So ist für uns alle Platz hier unten.

Die Kleine guckt wahrlich erstaunt umher. Und es dauert eine ganze Weile, bis sie sich daran erinnert, doch lieber wieder weinen zu wollen. Die Physiotherapeutin hat mir empfohlen, das Weinen einfach zuzulassen. Schließlich hat unser Kind heute sehr viel erlebt und sollte seine Erlebnisse auch mit Weinen verarbeiten dürfen.

Ich selbst erinnere mich gerade, wie gut es mir tut, wenn ich mich mal richtig ausweinen kann – wie erleichtert ich mich danach fühle. Mein Mann und ich stärken uns jetzt gegenseitig im Abwarten und im Weinen Zulassen.

Stimmt ja auch. Wenn ich nach einer Minute gleich mit einer Beruhigungs-Aktion anfange, kann ich nie herausfinden, ob mein Baby sich nicht nach zehn Minuten von selbst beruhigt.

Und was passiert jetzt hier unten auf der Decke auf dem Boden? Unser Kind hört auf zu weinen und schläft tatsächlich ein! Jetzt sind wir in der Zwickmühle. Wenn wir es ins Bettchen legen, wird es bestimmt wieder wach. Mein Mann hat die praktische Idee: Wir lassen es einfach auf der Decke, legen den unteren Teil als Zudecke über unser süß schlafendes Kind. Mal sehen, wie lange es dort so bleibt. Ihm kann hier unten ja gar nichts passieren. Es kann nirgendwo runterrollen oder rausfallen. Und es kann sich nirgendwo stoßen.

Als ich meinem Mann erzähle, dass buntes, schrilles Spielzeug ein Kind schief machen kann, vor allem, wenn es immer über die selbe Seite angeboten wird, will er sofort alles inspizieren, was in dieser Richtung bei uns vorhanden ist. Detektivisch gehen wir durch die Wohnung. Unser Baby schläft immer noch auf der Erde. Wir fangen beim Bettchen an und entdecken auf Anhieb so einiges: Unser Kind blickt vom Kopfende aus über seine Lieblingsseite in den Raum. Außerdem baumeln an derselben Seite der Perlenkasper und die Glöckchenschnur von meiner Mutter. Der Tipp der Physiotherapeutin war, das Kind einfach mit dem Köpfchen ans Fußende zu legen. Dann schaut es nämlich über die andere, die ungewohnte Seite ins Zimmer und zu uns, wenn wir an sein Bettchen kommen. Welch simple Lösung.

Perlenkasper und Glöckchenschnur nehmen wir weg. Mein Mann baumelt und bimmelt Spaßes halber damit vor meinem Gesicht herum. Und ziemlich schnell wird uns klar, was wir unserem Kind ständig antun. Paradoxerweise wollen wir es mit dem Gebimmel und Gebaumel ja auch noch beruhigen, wenn es weint. Kein Wunder, dass es immer unruhiger und nervöser wird.

Unsere nächste Station ist der Wickeltisch. Hier hängt das Mobile. Natürlich genau da, wo Marie über ihre Lieblingsseite hinschauen muss. Ach ja, ich vergaß die Spieluhr, die noch vor dem Mobile hängt und die ich während des Wickelns mehrmals anwerfe.

Mein Mann versetzt sich in die Position unseres Kindes auf dem Wickeltisch. Bei jedem Wickeln sieht er kreisende Fische und hört eine klimpernde Musik. Ob das hilft, Ruhe und Entspannung zu bewirken und den engen Kontakt zur Mutter beim Pflegen zu fördern, bezweifeln wir inzwischen zutiefst.

Ist es nicht viel besser für unseren gemeinsamen Kontakt, unsere Kleine meine Nähe, mein Gespräch mit ihr, die regelmäßigen Handgriffe des Ausziehens, Reinigens und Wickelns erleben zu lassen – und zwar ohne weitere Ablenkung von außen? Lernt sie nicht schon durch das ständige Wiederholen des Wickelns Verlässlichkeit und praktisches Empfinden?

Und die ewig gleiche Fixierung auf Spieluhr und Mobile fördert den Weitblick und die Orientierung im Raum sicher auch nicht. Im Gegenteil: Das trägt eher zu einem beschränkten Horizont bei.

Für heute sind wir jedenfalls schon mal ganz zufrieden mit der Entrümpelung von Nervösmachern, die unserem Kind nichts nützen, vielleicht sogar eher schaden. Wir haben tatsächlich schon einen ganzen Karton voller Beschäftigungs-Gegenstände und Unterhaltungs-Material gefunden, die unser drei Monate altes Kind zwar schon hat, aber nicht wirklich braucht.
Nach diesem ersten Abend auf der warmen Decke auf der Erde habe ich unsere Kleine nochmal gestillt und dann fürs Bettchen fertig gemacht. Die Nacht ist dann leider wieder wie üblich unruhig mit vielem Hin und Her. Schließlich liegt Marie wieder in unserer Mitte – und wir am Rand. Ich will gar nicht wissen, wie wenig Schlaf wir alle wieder kriegen.
Hier muss auch etwas geschehen. Ich habe aber im Moment keine Idee, was. Ich werde es mit der Physiotherapeutin besprechen.

Ein erster Schritt raus ans dem Chaos.
Ein Schritt, der uns schon jetzt allen guttut.
Vielleicht schaffen wir so den „Baby-Führerschein“

Dazu sagt die Expertin:

- Der natürlichste Ort, an dem Ihr Kind sich aufhalten kann, ist der Fußboden
- Damit es ihr Baby auf dem Boden bequem hat, richten Sie ihm am besten ein Deckenlager ein
- Wenn Sie Ihr Kind auf dem Arm halten oder herumtragen, tragen sie es so, das es nach vorn blicken kann und alles gut mitkriegt, was um es herum geschieht
- Überfrachten Sie Ihr Kind nicht mit Spielzeug – Interaktion ist wichtiger als Animation

3

Alltag auf dem Fußboden

Heute beginnt also das Einüben mit unserem Baby auf seiner Decke. Nach Waschen, Anziehen und Stillen lege ich Marie auf ihre Decke und setze mich eine Weile zu ihr. Ich spreche leise mit ihr und streichele sie.

Aber das scheint nicht zu reichen. Plötzlich weint sie wieder los. Aber warum nur? Ich bin bei ihr. Sie hat so viel zu sehen und zu beobachten. Wir hatten etliche intensive Momente beim Stillen und Pflegen. Wir schmusen und herzen miteinander. Sie ist satt, trocken und auch nicht krank. Sie bekommt noch keine Zähne und hat kein Fieber. So sehr ich auch suche – ich finde keinen Grund zum Weinen.

Im Moment kann ich einfach nicht mehr für unser Kind tun, als in seiner Nähe und Sichtweite zu sein. Damit es mich beobachten kann.

Jetzt ist mir erstmal danach, in Ruhe zu duschen, mir die Haare zu richten und zu frühstücken. Sind das ungebührliche Wünsche einer Mutter? Überhaupt nicht. Und welch neuer Luxus ist das für unser Baby. Es wird nicht, wie üblich, im Bettchen geparkt, während ich alles in Windeseile erledige. Nein: Marie darf all diese spannenden Aktivitäten von ihrer Decke aus beobachten und miterleben.

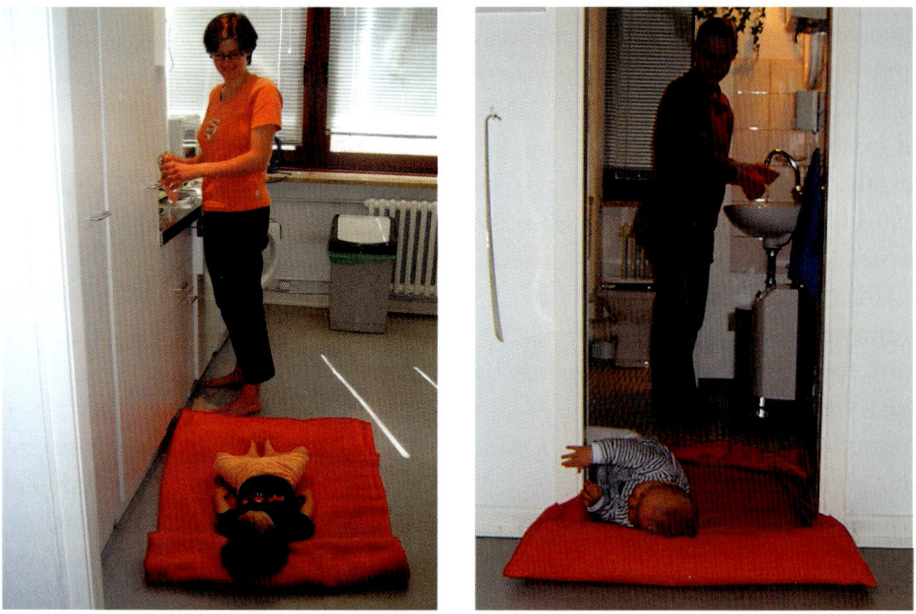

Auf der Decke immer und überall dabei

Während ich unsere Kleine auf ihrer Decke vor die Badezimmertür mitziehe, beruhigt sie sich schon für ein paar kurze Augenblicke und schaut umher. Wann ich das letzte Mal so ausgiebig geduscht habe, weiß ich schon gar nicht mehr. Jetzt habe ich während des Duschens mein Kind voll im Blick. Es liegt fest und sicher dort unten und schaut mir interessiert zu.
Maries Minenspiel ist geradezu bühnenreif: Ein ständiger Wechsel zwischen Neugier, Faszination, Erstaunen – und dazwischen immer mal wieder halbherziges Weinen und Nörgeln. Davon lasse ich mich aber nicht mehr beeindrucken. Was wird sie tun, wenn ich gleich meine Haare föhne? Bestimmt fängt sie an zu schreien. Trotzdem werde ich den Föhn anschalten. Denn das gehört ja alles zu den Dingen des täglichen Lebens, die ein Baby von Anfang an begleiten. Also muss auch mein Kind damit vertraut werden, dass daran nichts Bedrohliches oder Beängstigendes ist.
Aber ich bin gespannt, wie Marie reagieren wird. Ich nehme den Föhn, schalte ihn an – und nichts passiert. Meine Kleine schaut mich fasziniert an und kann die Augen nicht von mir lassen Sie scheint alles so spannend zu finden, dass sie das Schimpfen und Nörgeln einfach vergisst.
Offenbar fangen wir beide an, mit der neuen Art des Zusammenseins klarzukommen. Ich freue mich so sehr darüber, dass ich mich zu ihr lege und erst mal ausgiebig schmuse. Ich sage ihr, dass ich jetzt frühstücken will und ich sie mit in die Küche ziehen werde. Dass sie das schon versteht, glaube ich nicht. Aber ich fühle, dass ich ihr sagen muss, was ich als nächstes tue.
In der Küche dann schaut und nörgelt sie im Wechsel. In aller Ruhe trinke ich Kaffee und esse zwei knusprige Brötchen, die mein Mann vor der Arbeit zusammen mit der Zeitung geholt hat. (Schließlich kann ich ja keine gute Mutter sein, wenn ich hungrig und unzufrieden bin.)
Ich sitze am Tisch und sie schaut mir von ihrer Decke aus ganz zufrieden beim Essen zu. Zwischendurch spreche ich immer wieder mit ihr. Dann erlaube ich mir sogar noch, die Tageszeitung zu lesen. Dazu setze ich mich zu ihr hinunter. Meine Nähe und das Knistern der Zeitung interessieren sie wieder aufs Äußerste.
Im Laufe des Tages liegt sie dann schon ganz schön oft auf der Decke. Ihre Augen wandern zu mir, wo auch immer ich gerade bin. Wir lernen, uns regelrecht

mit den Augen zu berühren. Ich lege die Decke bewusst so hin, dass sie mich über ihre ungewohnte Seite beobachten muss. Und ihre Neugier schafft es tatsächlich, den Kopf in diese ungewohnte Richtung zu bewegen.
Mein Mann freut sich über meinen Tagesbericht. Mit so einer simplen Maßnahme solch eine Veränderung zu erzielen – *„das ist genial!“* Wir denken daran, wie wir noch vor ein paar Tagen versucht haben, unser Kind mit Gehampel, Herumlaufen, Schaukeln, Rütteln und zischenden Pschscht-Lauten zur Ruhe zu bringen. Wieso haben wir eigentlich versucht, Unruhe immer mit noch mehr Unruhe zu bekämpfen?
Es kann doch nicht sein, dass ein Mensch sich nur durch Rütteln und Schütteln mit der Rassel vor dem Gesicht beruhigen lässt. Wie würde ich mich denn fühlen, wenn ich wütend, sauer, empört wäre und jemand rüttelte zur Beruhigung ein Schlüsselbund vor meinen Augen hin und her?
Heute Abend sagen mein Mann und ich uns: Am besten führen wir unser ganz normales Leben und lassen unser Kind einfach daran teilhaben. Wir nehmen uns vor, Marie so viel wie möglich unten auf ihrer Decke zu lassen. So lange, bis sie lernen wird, sich selbständig fortzubewegen. Und wann das sein wird, soll sie selbst bestimmen dürfen.
Meine Bedenken, dass es auf dem Boden doch zu schmutzig sein könnte, werden gerade heute durch einen aktuellen Zeitungsartikel ausgeräumt: *„Bauernkinder sind am gesündesten.“* Durch den Kontakt mit ihrer vielfältigen Umgebung wie Hof, Scheune, Stall und Feld, wird ihr Immunsystem dermaßen angeregt, dass sie – gegenüber den überreinlichen, keimarmen Stadtkindern – wesentlich weniger erkranken. Der Artikel kommt mir gerade recht. Die Frage mit dem Schmutz am Boden ist zu meiner Zufriedenheit geklärt.
In meinem Tagesablauf werde ich immer entspannter. Denn jetzt habe ich meine Kleine immer bei mir. Auf ihrer Decke ziehe ich sie einfach überall mit hin – zum Putzen, Bügeln, Aufräumen, Kochen und Essen. Während ich bisher dauernd zu ihr hinlief, um nach ihr zu sehen und mich zu vergewissern, dass alles in Ordnung ist, habe ich sie jetzt immer im Blick. Vielleicht bilde ich es mir ja nur ein, aber es sieht so aus, als ob sie mich manchmal so genau beobachtet, als wolle sie lernen, wie ich alles so mache.

Hätte ich eher gewusst, wie wohl sich unser Kind auf diese Weise fühlt, hätte ich es bereits in den ersten Lebenstagen an das Fußbodenlager gewöhnt. Uns allen wären viel Unruhe und Anstrengung erspart geblieben.
Ich frage mich, wieso ich Marie überhaupt noch andere Anreize anbieten soll als die täglichen Anreize des normalen Lebens. Sie fördert sich doch von ganz allein, wenn sie sich mit ihrer wachsenden Wahrnehmung auf die häusliche Umgebung einlässt – wenn sie alles, was geschieht, in sich aufnimmt und alles beobachtet, was ihre Mami den lieben langen Tag so macht. Ich brauche wirklich nichts weiter zu tun, als vorzuleben. Die einzige Voraussetzung ist, dass mein Kind immer bei mir ist. Und das geht am einfachsten, wenn ich es auf seiner Decke immer mit mir ziehe.
Im Tierreich ist es doch genauso: Die Tierkinder lernen nur durch Zuschauen und Imitieren. Die Muttertiere zeigen ihnen keine sinnlosen Handlungen fürs Überleben. Ich glaube, unser Kind kann allein durchs Zuschauen viel fürs Leben lernen.
Inzwischen weiß ich, dass sich auch das Gefühl der sicheren Bindung ausprägt. Wenn unser Kind so geborgen auf dem Boden liegt, kann ich sogar auch mal den Raum verlassen, um kurz ein paar Dinge in anderen Zimmern zu erledigen. Je mehr unsere Kleine erlebt, dass wir den ganzen Tag lang zusammen sind, um so mehr verlässt sie sich darauf, dass ich wiederkomme, wenn ich mal kurz aus dem Zimmer gehe und für sie unsichtbar bin. Da gibt es keine Verlustangst. Unsere Marie spielt und brabbelt vor sich hin und freut sich, wenn ich wieder da bin und mit ihr spreche.
Nach einiger Zeit können mein Mann und ich uns sogar ab und zu schon eine kleine Auszeit gönnen. Es ist überhaupt kein Problem mehr, Marie für einige Stunden den Großeltern oder der Patentante anzuvertrauen. Sie scheint den Rhythmus zwischen Kommen und Gehen, Nähe und Distanz bereits so verinnerlicht zu haben, dass sie selbst bei längerer Abwesenheit sicher ist, dass wir wiederkommen.
Ich finde, das ist auch schon eine gute Vorbereitung für später, wenn Marie dann in den Kindergarten kommen soll. Ich bin sicher, sie wird sich morgens ohne Angst verabschieden und sich freuen, wenn ich sie mittags wieder abhole.

Meinem Mann und mir wird jetzt immer klarer, wie wichtig die ersten Lebensmonate für das ganze spätere Leben sind. Wenn wir die Entwicklung unserer Kinder richtig fördern wollen, müssen wir einfach nur das Richtige tun.

Kleine Lernschritte bringen uns Riesen-Fortschritte.
So schaffen wir den „Baby-Führerschein."

Dazu sagt die Expertin:

- Gewöhnen Sie Ihr Kind früh daran, auf dem Fußboden zu liegen
- Ihr Kind sollte immer dort sein, wo Sie auch sind. Wenn es auf einer Decke liegt, können Sie es überall mit sich herumziehen – auch, wenn Sie mit anderen Dingen beschäftigt sind
- Für ein Kind ist der ganz normale Alltag ein Abenteuer und die wichtigste Lernquelle

4

Mahl-Zeiten

Wenn ich mir das Wort „Mahlzeit“ so betrachte, setzt es sich aus zwei Elementen zusammen: dem Essen und der Zeit. Es müsste also möglich sein, das Essen an bestimmte Zeiten zu binden. Zeiten, die ich festlegen werde. Zwischen denen vernünftige Abstände sein werden. In denen das Essen nicht der Unterhaltung und Abwechslung dient, sondern dem Stillen des Hungers und der Versorgung des Körpers mit Nahrung.
Im Moment aber ist der Essrhythmus noch ein Problem für uns. Über einen Stillabstand von anderthalb Stunden komme ich nicht hinaus. Das Trinken ist nie richtig hungrig. Eher ein bisschen Spielerei, kurzes Saugen, Wegdrehen. Will ich das Füttern aber dann beenden, gibt es Geschrei.
Manchmal kommt mir das Stillen wie eine Leerlaufhandlung vor und nicht wie die Befriedigung der elementaren Lebensnotwendigkeit, nämlich des Essens. Mit diesem Hin und Her gibt es nur Unruhe, und es wird reichlich Zeit vergeudet. Ich wünsche mir einen Rhythmus mit mehr Freiräumen – nachdem unser Kind kräftig getrunken hat und dann längere Zeit satt und zufrieden ist.
Heute haben wir wieder Physiotherapie. Im Vergleich zum ersten Mal freue ich mich darauf. Weil ich zeigen kann, wie gut es mit der Decke auf dem Fußboden klappt, wie Marie ihr Köpfchen jetzt zu beiden Seiten drehen kann, wie zufrieden sie auf ihrer Decke liegt und die Umgebung betrachtet.

Natürlich lege ich sie diesmal sofort im Wartezimmer auf ihre Decke und halte sie nicht mehr ängstlich an mich gepresst auf dem Arm.
Ich ziehe in aller Ruhe meinen Mantel aus. Während des Wartens lese ich noch einmal die Zeitungsausschnitte an der Pinwand: *„Bewegung beginnt im Liegen!“* Und: *„Wie viel Spielzeug braucht ein Baby?... Gar keins.“* Unser Kind da unten auf der Decke ist der Beweis, dass es stimmt.
Die Physiotherapeutin freut sich über meine Konsequenz. Durch unser neues Miteinander hat sich die einseitige Haltung von Marie erheblich gebessert und wird sich wohl von selbst weiter regulieren. Sie hatte sich tatsächlich mit unseren einseitigen Hantierungen eingeschlichen, ohne dass wir es gemerkt hatten. Vielleicht kann mir die Physiotherapeutin ja heute auch einen guten Tipp für den Essrhythmus geben. Einen, der genau so wirksam ist wie der Fußbodentipp. Ich spreche sie darauf an und erfahre, dass sie auch Hebamme ist. Weil die meisten Eltern das Problem mit den Still- oder Fütterzeiten haben, hat sie sich von ihren erfahrenen Hebammen-Freundinnen, die seit vielen Jahren Nachsorge und Stillberatung praktizieren, einen Zeitplan geben lassen. Damit haben sie außerordentlich gute Erfolge. In den Familien kehrt wieder ein gut strukturierter Tagesablauf ein.

Die Expertin erklärt mir:

- Das häufige Anlegen in den ersten drei Lebenstagen dient ausschließlich der Anregung der Milchbildung.
- Das Kind zehrt von seinen Reserven und bekommt nur etwas Vormilch. Deshalb nimmt es in diesen ersten Tagen ab.
- Nach etwa drei Tagen ist die Milchbildung durch das häufige Anlegen genügend angeregt. Der Milchfluss und die Milchqualität nehmen zu – das Kind bekommt genug Milch. Etwa am zehnten Tag hat es sein Geburtsgewicht wieder erreicht.
- Bereits jetzt braucht das Baby gute Mahlzeiten zu regelmäßigen Zeiten. Fachleute empfehlen einen Vier-Stunden-Rhythmus (plus minus eine Stunde).
- Bei einem solchen Rhythmus kann sich die Milch zwischen den Mahlzeiten mit guter Qualität nachbilden.

- Der Magen des Kindes lernt dabei, einen guten Füllungszustand wahrzunehmen und nach der Pause auch ein vernünftiges Hungergefühl zu entwickeln.
- Bei dem dauernden unkontrollierten Beruhigen und Befriedigen durch ständiges Stillen lernt es beides nicht.

Das alles erscheint mir plausibel und praktizierbar. Welcher Mensch isst schon bis zu zwanzigmal Mal am Tag? Könnte hier möglicherweise auch bereits der Schlüssel für Frustessen im Erwachsenenalter liegen? Ich werde es mir in Ruhe durch den Kopf gehen lassen und zu Hause einen eigenen Zeitplan aufstellen. Die Physiotherapeutin macht noch einige Übungen mit unserer Kleinen, die sie mit Lächeln beantwortet. Sie zeigt mir bestimmte Bewegungen, die ich zu Hause regelmäßig machen soll.
Als wir dann gehen, lasse ich es mir natürlich nicht nehmen, Marie auf ihrer Decke ins Wartezimmer zu ziehen. Und wer sitzt da? Die Mutter vom ersten Mal, die mich mit ihrem Kind auf der Matte so verblüfft hatte. Wir sind ganz gerührt über unsere süßen Kinder und erzählen uns aufgeregt, wie gut alles klappt.
Heute Abend haben mein Mann und ich wieder was Neues zu planen. Denn ich war ja wieder bei unserer Physiotherapeutin.

Mit dem Schreibblock sitzen wir bei Marie auf dem Boden und überlegen, wie wir den Essrhythmus am besten gestalten können. Hier das Ergebnis:
- Wir beschließen, um 6 Uhr morgens zu starten. Das wird also das Frühstück werden. Dann werde ich bis 7 Uhr mit Pflegen und Füttern beschäftigt sein.
- Das zweite Frühstück bekommt Marie um 10 Uhr. Bis dahin habe ich Zeit, mich um den Haushalt zu kümmern und mich zurechtzumachen. Dabei kann sie mir von der Decke aus zuschauen oder ein bisschen schlafen.
- Von 10 bis 11 Uhr pflegen, füttern und schmusen wir ausgiebig. Danach haben wir wieder drei Stunden Zeit für Erledigungen. Wir können einkaufen gehen, Arztbesuche und Behördengänge machen.
- Um 14 Uhr gibt es Mittagessen. Wieder eine Stunde verlässlicher Zweisamkeit.
- Vielleicht ist danach Raum für eine verdiente Mittagspause für mich. Ich könnte mit unserem Kind etwas ausruhen oder sogar ein kleines Schläfchen machen.

- Um 18 Uhr gibt es Abendessen. Wenn mein Mann pünktlich nach Hause kommt, kann er sogar einiges übernehmen.
- Um 22 Uhr dann das Nachtmahl für unser Kind. Dabei sollten wir schon das Licht und unser Temperament etwas reduzieren, um unsere Kleine auf die kommende Stille der Nacht vorzubereiten.

Wir sind ganz begeistert von unserem Zeitplan. Ob er sich vom Papier auf unser süßes Baby übertragen lässt, werden wir ja in den nächsten Tagen herausfinden. Wir heften ihn gut sichtbar an den Kühlschrank, wo er als roter Faden hilft, uns den Rhythmus zu erarbeiten.
Es ist erstaunlich, wie schnell Babys lernen. Mit einigen Zugeständnissen arbeite ich Stück für Stück auf unseren Zeitplan hin. Mit jedem Tag kommen wir unserem Ziel näher. Meine Konsequenz hilft Marie, auf die Verlässlichkeit zu bauen, die sie regelmäßig alle vier Stunden erfährt.
Schon nach einigen Tagen fängt sie an, vor den Essenszeiten gespannt meine Bewegungen und Handgriffe zu beobachten, die ich zur Vorbereitung des Fütterns mache. Nur noch selten wird sie ungeduldig und schreit.
Wir lernen beide, dass ich Zeit zum Handeln brauche. Auch wenn unsere Kleine wie ein Rohrspatz schimpft, beende ich in Ruhe meine Vorbereitungen – sei es für das Stillen oder für das Fläschchen. Früher stieg mein Adrenalinspiegel jedes Mal ins Unermessliche – und ich tat kopflos hektisch alles, um nur schnellstens mein Kind zu beruhigen.
Jetzt bleibe ich ruhig und konsequent. Und nach ungefähr einer Woche haben wir beide einen wunderbar planbaren Tag erarbeitet.
Ich gebe zu: Das war nicht immer ganz einfach. Sobald so ein süßes Baby schreit, will man es ja sofort reflexartig mit Brust oder Fläschchen beruhigen. Deshalb musste ich mir immer wieder eins klar machen: Der Schlüssel für das gute Miteinander ist die unbedingte elterliche Konsequenz und die Verlässlichkeit der sich wiederholenden Abläufe.
Konsequent zu bleiben, war manchmal hart (besonders für mich) – aber es hat sich gelohnt: Das Leben mit Kind normalisiert sich. Der Plan, der am Kühlschrank hängt, ist Realität geworden:

- Für das Pflegen und Füttern brauche ich genau eine Stunde. Ich fange um 6 Uhr den Tag an und halte mich an den Vier-Stunden-Rhythmus.
- In den Zwischenzeiten kann Marie mich und ihre Umgebung beobachten, sich mit dem Ertasten ihres Körpers und ihrer Kleidung beschäftigen oder ein bisschen schlafen.
- Danach gibt es wieder um 10 Uhr etwas zu essen.
- Nach der 14-Uhr-Mahlzeit haben wir uns angewöhnt, zusammen ein Mittagsschläfchen zu machen. Oft gehen wir danach spazieren, erledigen noch dies und das oder treffen uns mit Freundinnen zum Kaffee.
- Wieder zu Hause, gibt es um 18 Uhr die vierte Mahlzeit.
- Ab 19 Uhr genießen mein Mann und ich unser gemeinsames Abendbrot, was uns nach dem langen Verzicht jedes Mal noch wie ein Extra vorkommt. Unser sattes Kind beobachtet uns von seinem Deckenlager aus und langweilt sich kein bisschen. Ich gönne mir sogar auch ein Gläschen Weinschorle oder ein kleines Glas Sekt. Der Geheimtipp einer erfahrenen Hebamme ist, dass ein Glas Sekt den Milchfluss anregt. Sogar eine Tasse Kaffee mit viel Milch ist erlaubt. Unser Leben wird wieder genussreich.
- Bis zu seiner letzten Mahlzeit um 22 Uhr beschäftigen wir uns mit unserem hinreißenden Kind am Boden. Es scheint inzwischen, als ob Marie auf diese Zeit wartet. Sie fängt an mit uns zu reden. Brabbelnd berichtet sie von ihren Tageserlebnissen und berührt uns dabei mit ihren Augen. An manchen Abenden badet einer von uns mit ihr in einem Schaumbad mit Badezusatz für Babys. Ein kleines Wellness-Programm für beide.
- Um 23 Uhr haben wir unser Kind bettfertig.

Die täglich wiederholten Erfahrungen steigern die Sicherheit unserer Kleinen und das Vertrauen in ihre Umgebung. Sie ist ausgeglichen. Sie kann abwarten. Sie entwickelt eine gute Orientierung bei den Anforderungen des Lebens.
Und ich bin auch viel ausgeglichener. Zum Beispiel mache ich mir keinen Stress, wenn Marie nicht immer die erwartete Menge an Nahrung zu sich nimmt. Der Körper verlangt unterschiedliche Mengen, so wie bei uns Erwachsenen auch. Abgelehntes gebe ich später nicht nach. Damit würde ich den Rhythmus ja wieder durcheinander bringen. Und vielleicht lernt sie ja auch

schon für ihr Leben, mit dem Essen aufzuhören, wenn sie satt ist. Dann wird sie nicht mit dem Dicksein zu kämpfen haben.

Für den Durst zwischendurch habe ich immer ein Fläschchen abgekochtes Wasser dabei. Ganz normales Leitungswasser. Sie soll ihren Geschmack nicht von Beginn an mit Zusätzen von Tee oder Säften verfälschen. Außerdem ist das reine Wasser wichtig für die Knorpel der Gelenke und die Bandscheiben, sagt unsere Physiotherapeutin.

Mein Kind und ich haben es in kurzer Zeit geschafft, einen Essrhythmus zu finden, bei dem es uns beiden gut geht. Dabei habe ich vor allem eins gelernt: Ein Kind – und sei es noch so klein – kann alles lernen. Vorausgesetzt, als Mutter bewahrt man die Ruhe und ist konsequent. So bekommt das Kind die Orientierungshilfe, die es braucht, um sich in der Welt zurechtzufinden.

Das war ein weiterer wichtiger Schritt für unseren Baby-Führerschein.

Dazu sagt die Expertin:

- Gewöhnen Sie Ihr Kind frühzeitig an feste Essenszeiten
- Ein regelmäßiger Essrhythmus, der sich eingespielt hat, bringt Ruhe in den Tagesablauf und erspart der ganzen Familie viel Stress

5

Die Speisekarte

Mein Ziel ist es, unser Kind mindestens bis zum Ende des sechsten Lebensmonats voll zu stillen. Denn Muttermilch reicht bis dahin als Nahrung vollkommen aus. In ihr ist alles enthalten, was ein Kind zum Wachsen und guten Gedeihen braucht. Sie schützt vor Infektionen und vielen Krankheiten. Nur bei Fieber und heißem Wetter gibt es Wasser dazu.
Der Beginn des Stillens ist allerdings äußerst mühsam. Mein Kind und ich – wir müssen beide das Stillen lernen. Die Kleine weiß natürlich erst mal überhaupt nicht, wie es geht. Sie sucht gierig, saugt nicht richtig, schreit, zappelt herum und verschluckt sich, wenn sie doch ein paar Züge geschafft hat.
Ich baue auf Ausdauer und Konsequenz. Unnachgiebig führe ich mein Baby immer wieder an die Brust. Sie wird angeboten, trotz Abwehrens und Verweigerns. Immer wieder die gleiche Prozedur. Und schließlich – nach drei langen Tagen – führt meine Beständigkeit zum Erfolg. Marie nimmt ab dem dritten Tag die Brust an. Offenbar hat sich die intuitive mütterliche Überlebens-Strategie durchgesetzt. Inzwischen hat sich das auch bei späteren Entwicklungs-Stationen bestätigt.
Das Gegenstück zur Muttermilch ist die Fertigmilch. Sie ist zwar nicht so vollkommen wie die Muttermilch, aber ersetzt sie in bester Weise. Bei der Wahl der richtigen Flaschennahrung für das Baby helfen der Kinder- und Jugendarzt

und die Ernährungsberatung in den Mütterberatungsstellen. Diese Hilfe brauchte ich zum Glück nicht in Anspruch zu nehmen.

Einige meiner Freundinnen und Bettnachbarinnen im Krankenhaus können oder wollen nicht stillen. Deshalb sind sie aber trotzdem gute Mütter. Allerdings wird ihnen von Hebammen und Säuglings-Schwestern oft ein schlechtes Gewissen gemacht. Ihre Entscheidung, dem Kind Fertignahrung aus der Flasche zu geben, wird nicht respektiert. Viele Mütter wagen es nicht, sich dagegen durchzusetzen. Beim Füttern im Krankenhaus und bei den Hebammenbesuchen zu Hause müssen sie sich dann jedes Mal rechtfertigen.

Ich finde: Wenn eine Mutter ihrem Kind mit aller Liebe und Zuwendung die Flasche gibt, baut sie auch intensive Nähe, Verlässlichkeit und tiefes Zusammensein auf.

Argumente wie, ein nicht gestilltes Kind bekomme keine richtigen Nährwerte und nicht genügend Liebe, stressen nur die Mütter, die aus bestimmten Gründen nicht stillen können oder wollen. Dabei sind auch sie hundertprozentige Mütter. Stillende Mütter sind keine besseren Mütter.

Bei mir klappt es mit dem Stillen in den ersten sechs Monaten. Ab dem siebten Lebensmonat gewöhne ich unsere Kleine dann langsam an Beikost. Sie ist jetzt größer. Die Milch allein reicht nicht mehr aus. Nach und nach wird eine Brustmahlzeit nach der anderen durch eine Breimahlzeit ersetzt.

Für die Zubereitung der Breie, deren Zusammensetzung sich mit zunehmendem Alter an Konsistenz und Nährstoffqualität ändert, nehme ich mir einen der vielen Ernährungsratgeber zu Hilfe.

Weil mein Baby natürlich zunächst alles Neue verweigert und lieber beim Bekannten und Gewohnten bleiben möchte, muss ich beim Gewöhnen an die Breikost wieder meine ganze Durchsetzungskraft mobilisieren. Unbeirrbar wiederhole ich das Anbieten des Breis.

Als sähe unser Kind die Wichtigkeit, ja die Lebensnotwendigkeit der Nahrungsaufnahme ein, gibt es nach kurzer Zeit nach und isst mit zunehmendem Appetit. Ich bin überzeugt: Mit der entsprechenden Konsequenz der Mutter kann jedes Kind ein vernünftiger Esser werden.

Ich weiß von verschiedenen Müttern, dass ihre Kinder zu nichts anderem zu bewegen sind als zu ihrem „Lieblingsgericht“ – zum Beispiel nur Spaghetti mit

Tomatensoße oder nur Weißbrot mit Schmelzkäse oder nur Fritten. Obst und Gemüse werden allenfalls gelegentlich mal widerwillig akzeptiert.

Woran liegt das? Auch diese Mütter hatten ihrem Kind die schönsten Variationen angeboten. Aber offenbar waren sie nicht beharrlich genug, sondern haben nach der ersten Verweigerung sofort aufgegeben und das gefüttert, was ihr Kind gnädig zuließ. Bei der Essens-Verweigerung werden die meisten Eltern schwach.

Die Breie stelle ich selbst her. Ich habe ein gutes Gefühl, die frischen Lebensmittel selbst auszusuchen, zu prüfen und zu verarbeiten. Die Gemüse, das Obst und auch manchmal Fleisch koche ich mit etwas Wasser. Mein unentbehrlicher Helfer ist der Pürierstab. Es geht wirklich schnell, eine kleine frische Mahlzeit fürs Kind zu kochen.

Es sind ja auch nur wenige Monate, in denen ich die Baby-Mahlzeit mit extra großer Sorgfalt zubereiten muss. Mit zehn Monaten kann Marie krabbeln und sich allein hinsetzen. Sie will und darf schon in ihrem Hochstuhl mit am Tisch sitzen. Und vor allem: Sie darf alles probieren, was auf unseren Tellern liegt. Sie bekommt Normalkost angeboten – und sie isst alles, was ihr schmeckt.

Alles, was ich für uns koche, würze ich erst, wenn es auf dem Teller liegt, weil Gewürze für kleine Kinder noch vermieden werden sollen. Ich gebe unserer Kleinen gedrückte Kartoffeln, weiche Gemüsestückchen, hauchdünn geschnittenes Fleisch und füttere sie mit dem Löffel. Zu trinken gibt es Wasser oder ungesüßten Tee oder Saft. Sie darf auch geschälte Obststückchen oder Brot mit den Fingern in den Mund stopfen. Für unterwegs nehme ich das auch als Zwischenmahlzeiten in einer Plastikdose mit.

Mit vierzehn Monaten fängt Marie an, das Essen mit dem Löffel selbst zu üben. Noch muss ich mit einem anderen Löffel helfen, damit auch einiges in den Magen gelangt und nicht das meiste um den Mund herum, im Gesicht und am Lätzchen hängen bleibt.

Ich lasse ihr viel Zeit. Ich halte das Kleckern und Schmieren aus und störe das essen Lernen nicht durch ständiges Mund Abwischen oder Löffel Wegnehmen und Weiterfüttern.

Ihre Geschicklichkeit nimmt ständig zu. Und mit neunzehn Monaten sieht ihr Platz am Tisch so sauber aus wie unserer. Seit sie im Hochstuhl mit am Tisch

sitzen kann, sieht sie auch, dass ich den Tisch decke. Sie lernt von Beginn an, dass das Essen hier stattfindet und nicht spielend, zwischendurch, irgendwo in der Wohnung.
Marie weiß schon jetzt, wie ein gedeckter Tisch aussieht und, dass man, solange man isst, nicht auf Stuhl oder Tisch herumturnt. Für unser Kind ist es selbstverständlich geworden, so seine Hauptmahlzeiten einzunehmen. Denn es hat nichts anderes vorgelebt bekommen. Hier lernt es auch durch Beobachten, wie wir mit Messer und Gabel umgehen. Es wird das Essen mit Besteck, wenn es an der Zeit ist, mit Qualität beherrschen.
In Restaurants sehe ich allzu oft Unruhe, Schimpfen, Hektik am Tisch mit Kindern im Alter von unserem oder älter. Die Eltern selbst kommen gar nicht zum Essen. Sie sind nur mit Ermahnen und Zurechtweisen beschäftigt. Das ist logisch: Wenn Kinder zu Hause kein gutes Essverhalten erleben, werden sie es im Restaurant erst recht nicht vorweisen können. Das schöne Ausgehen wird dann für alle zu einem anstrengenden, unerfreulichen Erlebnis.
Neben den guten Tischmanieren erlebt unsere Marie bereits seit ihrer Zeit auf dem Deckenlager, wie ich das Essen zubereite. Zuerst beobachtete sie geduldig, wie ich die Brust für das Stillen vorbereitete. Später sah sie, wie ich Fläschchen und Brei fertig machte. Seit sie im Hochstuhl mit am Tisch sitzen kann, verfolgt sie mit ihren Augen, wie ich Gemüse wasche und schneide, Kartoffeln schäle, mit Schüsseln und Töpfen hantiere. Natürlich möchte sie mitmachen und helfen. Mit einem Plastikmesser kratzt sie auf Möhren und Kartoffeln herum. Sie ist voll bei der Sache. Ihre bearbeiteten Stücke packt sie stolz in Schüssel oder Topf dazu. Und sie bekommt immer großes Lob.
Seit Marie anderthalb Jahre alt ist, ist die Küche für uns beide ein Ort der gemeinsamen Beschäftigung. Sie macht beim Kochen nichts lieber, als kleine Aufträge zu erledigen. Sie darf mit ungefährlichen Küchengeräten wie Schneebesen, Holzlöffel, Plastikschüsseln oder Plastikmesser mithelfen.
Kleckern und Spritzen macht nichts. Sie muss ja die Geschicklichkeit erst langsam lernen. Ich bleibe gelassen, wenn sich die Küche in ein kleines Chaos verwandelt. Mit der Zeit des Lernens nimmt das Durcheinander automatisch allmählich ab. Für unser Kind ist es eine Selbstverständlichkeit geworden, dass man Essen vorbereiten und kochen muss.

Gerade im frühen Lebensalter prägen sich die Verhaltensweisen ein. Wir wissen, dass das Gehirn in den ersten Lebensjahren am meisten aufnimmt und verarbeitet. Seine so früh erlernten Kenntnisse und Fähigkeiten wird ein Kind sein ganzes Leben lang behalten.
Ich glaube, für unser Kind werden in seinem späteren Leben gute Tischmanieren und richtiges Essverhalten selbstverständlich sein. Denn wer in der frühen Kindheit das kindliche Verhalten prägt, ist klar: Wir Eltern.
Dass Kindergarten und Schule versäumtes Lernen in der Frühkindheit wett machen können, ist reine Utopie. Allein wir Eltern sind verantwortlich dafür, wie unser Kind mit sich klar kommt. Diese Pflicht können wir an niemanden abgeben.

Geduld und Konsequenz – das war eine weitere wichtige Lektion für den „Baby-Führerschein“.

Dazu sagt die Expertin:

- Auch das richtige Essen muss ein Kind lernen
- Führen Sie Ihr Kind mit Geduld und Konsequenz an jede neue Ernährungsphase heran
- Lassen Sie Ihr Kind teilnehmen an der Essen-Vorbereitung und -Zubereitung

6

Die Nacht-Ruhe

Die Nächte sind inzwischen manchmal schon etwas ruhiger, aber es fehlt einfach noch die Gleichmäßigkeit. Wir müssen immer noch oft genug aufstehen und Wiedereinschlaf-Prozeduren durchführen. Bisher hat ja das Lernen von allem Neuen gut geklappt. Deshalb bin ich zuversichtlich, dass wir auch für das Durchschlafen einen Weg finden werden.
Nacht-Ruhe: Allein dieses Wort sagt doch schon, wozu die Nacht da ist. Zum Ausruhen. Man soll zur Ruhe kommen. Warum aber sind die Nächte mit einem kleinen Baby so katastrophal? Das scheint nicht nur bei uns so zu sein. Wo ich hinhöre, sind die Nächte zum Verzweifeln.
In den letzten Wochen habe ich gemerkt, dass alles, was die Familie für ein gutes Zusammenleben braucht, nur von den Eltern gelehrt werden kann. Das Kind kann ja noch gar nichts wissen. Es kommt auf die Welt und fängt an zu lernen. Es ist ein weißes Blatt Papier, das von den Eltern sorgfältig beschrieben werden muss. Wenn die Eltern das Falsche schreiben, wird es eine schlechte Geschichte.
Ich überlege mir: Was ist die Voraussetzung für Schlafen? Die Dunkelheit und die Stille. Auf der ganzen Welt ist das so. Der Mensch wird nach einem aktiven Tag müde – und ein elementares Bedürfnis ist der Schlaf. Also müsste das Schlafen eigentlich automatisch funktionieren. Ich muss unser Kind nur mit diesem natürlichen Vorgang vertraut machen.

Offensichtlich bin ich völlig auf dem Holzweg, wenn ich unsere Kleine in der Nacht immer wieder herumschleppe und mit Tricks und Schlichen zum Weiterschlafen bewegen will. Signalisiere ich damit nicht Aktivität? Fordere ich sie nicht geradezu auf, noch wacher zu werden? Bestärke ich sie nicht in der Annahme, dass nachts gefüttert, herumgetragen und sogar gespielt wird? Ich befürchte, durch das nächtliche Herumschleppen bin ich auf dem besten Wege, unserem Kind was Falsches beizubringen.
Ich erinnere mich an die Schwangerschaft. Wenn ich mich schlafen legte, fing sie erst richtig an zu zappeln in meinem Bauch. Wahrscheinlich wollte sie weiterhin Bewegung und Erlebnis wie am Tage. Ich stand aber nicht wieder auf, sondern blieb liegen – und mit der Zeit beruhigte sie sich und ich konnte schlafen. Diese Erkenntnis durchfährt mich jetzt wie ein Blitz. Ich muss unserem Kind einfach nachts beibringen, dass sich nichts mehr tut. Auch wenn es gern möchte. Es muss begreifen, dass wir trotzdem zusammen sind und es nicht allein gelassen wird. Hunger kann es auch nicht haben nach seinen fünf kräftigen Malzeiten am Tage (die letzte um 22 Uhr).
Bisher waren unsere Nächte ständig durch Schlafhilfen unterbrochen. Ab heute Nacht werde ich das ändern. Wie bisher werde ich in Maries Nähe sein. Aber wenn sie wach wird, werde ich sie nicht mehr hochnehmen und herumtragen, sondern nur leise sagen: *„Ich bin bei dir.“* Mehr werde ich definitiv nicht tun. Auch wenn sie nörgelt. Auch wenn sie weint oder sogar schreit. Ich werde ihr nur mit ruhiger Stimme sagen, dass ich da bin. Damit sie spürt, dass sie nicht allein ist. So soll sie lernen, ohne Herumtragen, Singen oder Füttern allein wieder einzuschlafen. Ich bin sicher, dass sie das schafft. Als sie noch in meinem Bauch war, hat sie sich auch beruhigt, wenn es Nacht war.
Ich erzähle meinem Mann von meinem neuen Plan. An die starken Bewegungen beim Einschlafen in der Schwangerschaft und mein Liegenbleiben kann er sich sofort erinnern. Er meint auch, wir sollten es auf jeden Fall versuchen.
Er schlägt vor, sicherheitshalber mit den Nachbarn zu reden, weil unsere Kleine in den nächsten Nächten wahrscheinlich etwas länger schreit als bisher. Dafür wird aber dann bald nachts Ruhe einkehren.
Was so ein Gespräch doch bewirken kann: Alle haben Verständnis. Die Nachbarn neben und unter uns bestärken uns sogar, so lange durchzuhalten, bis

unser Kind das Schlafen schafft. Sie wissen, dass damit in Zukunft auch ihre Nächte wieder gesichert sind. Die nette Dame über uns ist schwerhörig und sagt, sie hätte unser Kind noch nie gehört. Weder am Tag, noch in der Nacht. Jetzt kann es also losgehen. Marie und ich ziehen ins Kinderzimmer um, damit mein Mann nicht mehr als nötig gestört wird. Denn die ersten Nächte werden bestimmt etwas lauter. Ich richte mir im Kinderzimmer einen bequemen „Schlaflernsessel" ein. Bis zum ersten Quengeln bleibe ich im Bett.

Das Einschlafen nach der letzten Mahlzeit hat gut geklappt. Nach zwei Stunden aber ist es dann soweit: Ich höre ein leises Quengeln, das schnell zu protestierendem Schreien wird. Wie üblich stehe ich auf und gehe zu ihr. Aber ich starte nicht die übliche Nachtunterhaltung, sondern setze mich in den bereit gestellten Sessel im Kinderzimmer und wickele die Decke um mich.

Ich bin die Ruhe selbst, weil ich ja sehe, was unser Kind tut. Ich kann aufpassen, dass es sich nicht verschluckt oder aufhört zu atmen. Das Licht bleibt aus. Meine Augen gewöhnen sich an die Dunkelheit und ich sehe die Kleine immer besser. Sie schimpft und schreit sich so richtig ein. Ich bleibe in der Dunkelheit völlig still, sage nur ab und zu: *„Ich bin da, du bist nicht allein."* Ich bin fest entschlossen, meinem Kind so zu einem ungestörten, lebensnotwendigen Schlaf zu verhelfen.

Meine Güte, ist das schwer, nicht zu trösten wie üblich. Morgen ist doch auch noch eine Nacht. Vielleicht fange ich lieber erst morgen mit dem schlafen Lehren an. Aber nein! Ich weiß, dass Konsequenz Berge versetzt. Heute ist unsere erste Schlaflernnacht.

Nach zwanzig Minuten ist plötzlich Ruhe. Ich glaube es kaum. War's das? Oder macht sie nur eine Schreipause? Vielleicht will sie nur horchen, ob sich endlich was tut. Genau: Als alles ruhig bleibt, tobt sie weiter. Meine Antwort bleibt: *„Ich bin da, wir alle müssen schlafen."* Ich möchte ihr etwas zu trinken geben oder sonstwie helfen. Aber ich fühle, dass jetzt nur eins hilft: die Stille, die Dunkelheit und meine Anwesenheit im Hintergrund.

Das Schreien und die Pausen wechseln sich ab. Immer wieder lauscht sie in den Raum hinein, schläft dann ein, wird nach einer Weile wach und fängt wieder an zu weinen. Ich schlafe zwischendurch auch in meinem Sessel, bin aber sofort wieder wach, wenn sich was regt.

Eigentlich ist diese Nacht für mich nicht unruhiger als sonst. Nur ist sie viel, viel lehrreicher. Und das Ergebnis kann sich sehen lassen: Mit Unterbrechungen sind bereits in der ersten Nacht einige Stunden Schlaf im eigenen Bettchen zusammengekommen. Um sechs Uhr morgens bin ich stolz und glücklich über mein Durchhaltevermögen.
Es war gar nicht mal so schlimm, am Bettchen zu sitzen. Das Schlimmste war früher die Unsicherheit, nicht zu sehen, was unsere Kleine nachts tut. Deshalb holten wir sie ja immer zu uns ins Bett. Diesmal konnte ich über sie wachen und jederzeit sofort sehen, wie es ihr ging. Die nächste Nacht werde ich genauso gestalten.
Am Wochenende will mein Mann es sich in unserem Schlaflernsessel bequem machen. Er hat übrigens in der ersten Schlaflernnacht nebenan blendend geschlafen. Unser Kind lag nicht breit zwischen uns und weckte uns dauernd auf. Und in dem Bewusstsein, dass ich bei unserer Kleinen war und aufpasste, konnte er tief und sorglos durchschlafen.
Wie viele Nächte werden wir brauchen, um morgens wieder beide ausgeruht und erholt den Tag zu beginnen? Ein Lebensgefühl, auf das wir seit Wochen verzichten mussten.
In den zwei weiteren Nächten festigt sich mein Durchhaltevermögen. Maries Versuche, mich zu nächtlichen Aktivitäten zu bewegen, werden deutlich weniger. Die Schrei- und Schimpfattacken werden immer kürzer – dafür die Schlafphasen immer länger.
Am Wochenende haben wir schon die vierte und fünfte Übungsnacht. Mein Mann ist dran. Sein Bericht am Morgen ist spannend. Er konnte sich nicht satt sehen an unserem schlafenden Engelchen. Als die Kleine aber ein paar Mal versuchte, Aktion zu fordern, hielt er sich im Dunklen zurück, obwohl es auch ihm schwer fiel. Ebenso wie mir ging ihm durch den Kopf, ob sie wohl hungrig, durstig oder krank sein könnte? Oder ob sie irgendwas brauchte? Ja, in der Tat – sie brauchte etwas: Sie brauchte Schlaf.
Marie hatte am Abend gut gegessen und wirkte völlig gesund. Zähnchen sind auch noch nicht in Sicht. Also unternahm mein Mann nichts weiter, als gelegentlich ein paar beruhigende Worte in die Dunkelheit zu schicken. Irgend-

wann ist er dann im Sessel eingeschlafen, weil auch unser Kind sich entschlossen hatte, wieder einzuschlafen.
In unserer kleinen Familie breitet sich langsam Entspannung aus. Das geduldige, wiederholte Durchhalten von Lehraktionen führt sensationell schnell zum Erfolg. Klar: Wenn ich ein Kind nachts unterhalte, lernt es, dass die Unterhaltung normal ist und möchte sie selbstverständlich jede Nacht haben. Wenn ich aber nachts auf alle Aktivitäten verzichte, lernt es, dass die Nacht nur etwas mit Dunkelheit und Ruhe zu tun hat. Vielleicht beugen wir sogar schon Schlafproblemen im späteren Leben vor.
Wir Eltern haben es in der Hand, was wir unseren Kindern beibringen. Nur – und nur – an unserem Verhalten kann sich unser Kind orientieren und sein eigenes Verhalten entwickeln. Aus unserer anfänglichen Unsicherheit wird plötzlich ein unerhört kraftvolles elterliches Gefühl. Wir werden unserem Kind mit Geduld und Konsequenz die Basisregeln für ein gutes, liebevolles Zusammenleben vermitteln.
Und wie schnell ein kleines Kinderhirn lernt, beweist die fünfte Nacht. Da nämlich schlafen mein Mann im Sessel und unser Engelchen in seinem Bettchen die ganze Nacht durch.
In unser Schlafzimmer ist jetzt Ruhe eingekehrt. Wir stellen das Bettchen wieder an die Wand und hören unser träumendes Kind atmen. Wir liegen wieder gemütlich ausgebreitet in unserem Ehebett. Die Nächte am Rand sind vorbei. Natürlich gibt es noch Nächte, in denen wir wegen Krankheit Ausnahmen machen müssen (verstopftes Näschen, Fieber, Bauchschmerzen, Zähne). Aber das hat nichts mit dem normalen Schlafen zu tun. Unser Kind hat in fünf Nächten gelernt, ruhig und erholsam durchzuschlafen. Das Wort Nacht-Ruhe hat jetzt für uns seine Bedeutung erfüllt.

Unser Kind und wir lernen gemeinsam –
für unseren „Baby-Führerschein“.

Dazu sagt die Expertin:

- Sie sollten auf jegliche nächtliche Unterhaltung des Kindes verzichten
- Wenn Sie konsequent bleiben, schläft Ihr Kind innerhalb kürzester Zeit von allein ein und durch

7

Es begreift und erfasst sich

Tag für Tag vergeht mit zunehmender Leichtigkeit des Miteinanders. Der Haushalt kommt wieder auf Vordermann. Ich kümmere mich auch wieder um mich. Ich halte regelmäßige Mahlzeiten ein und gönne mir öfter ein kosmetisches Pflegeprogramm. Das lässt Marie inzwischen tatsächlich alles zu. Einen langwierigen Friseurbesuch hat sie teils verschlafen, teils aufmerksam beobachtet und dabei vor sich hin gebrabbelt.

Früher dachte ich, wenn ich nicht ständig etwas zu ihrer Unterhaltung tue, langweile sie sich. Jetzt beobachte ich, gerade wenn gar nichts geschieht, dass sie anfängt, sich mit ihren Händchen zu beschäftigen. Sie holt sie zum Mund – mal einzeln, mal beide zusammen – sieht sie an, dreht sie, nimmt sie zusammen und löst sie wieder voneinander.

Lange Zeit beschäftigt sie sich so. Es sieht aus, als ob sie ihre kleinen Greifwerkzeuge begreifen und erfassen will. Mit dem Mund und mit jedem einzelnen kleinen Fingerchen. Sind allein die Händchen mit ihren zehn Fingern nicht schon ein vielfältiges Spielzeug? Und das Kind entdeckt es ohne jegliches Zutun.

Bei einem unserer Besuche bei der Physiotherapeutin erfahre ich, dass sich die Koordination der Körperteile von oben nach unten entwickelt. Zuerst entwickelt sich die Hand-Mund-Koordination. Danach die Hand-Hand-Koordination, also das Fingerspiel. Zum Schluss die Hand-Fuß-Koordination, wobei das Kind in Rückenlage die Beinchen heranzieht, um die Knie und die Füße zu erfassen.

So ist unser Kind mit dem Fingerspiel also im Moment schon tüchtig dabei, die Koordination des Körpers zu üben. Ganz für sich. Mit unglaublicher Ausdauer.

Den Babywipper benutze ich übrigens nicht mehr. Marie hat sich in den letzten zwei Monaten so an die Freiheit auf dem Boden gewöhnt, dass sie im Wipper richtig unglücklich aussieht. Sie sinkt geradezu in sich zusammen. Dabei drückt natürlich die ganze Körperlast auf den unteren Teil des Rückens und belastet die kleine Wirbelsäule. Ich frage mich, wie ich selbst mich fühle, wenn ich mal stundenlang in einem Liegestuhl verbringe? Mein Rücken wird steif, und ich bin froh, wenn ich nach einer Weile wieder aufstehen und herumlaufen kann.

Unser Kind macht den Redewendungen *„Ich begreife etwas“* oder *„Ich habe es erfasst“* alle Ehre. Es zieht sich inzwischen die Füßchen heran. Dabei hilft es sich, indem es zunächst die Knie ergreift.

Alles begriffen – alles erfasst

Ich staune über die guten Bauchmuskeln. Wie lange würde ich es aushalten, meine Beine in Rückenlage rechtwinklig anzuheben?
Bei der Therapie lerne ich, dass ich unserer Kleinen für das Begreifen des Mundes, der Hände und der Füße viel Zeit lassen soll. Sie soll in Rückenlage Gelegenheit haben, sich ausgiebig mit ihren Körperteilen zu befassen. Die Bauchlage soll noch warten. Vorher wird sie sich mit den Füßchen oder Knien in den Händen erst auf die Seiten rollen, da liegen bleiben und verweilen können.
Ich sehe, mit welcher Hingabe unser Kind das Zusammenspiel „aller Viere“ perfektioniert. Das würde ich ihm nehmen, wenn ich es zu früh auf den Bauch legte, so lange es noch nicht selbst soweit ist.
Auch mit einem bunten Spielzentrum, das in seiner Brusthöhe vor ihm herumtanzt, würde ich unser Kind nur an der Entdeckung des eigenen Körpers, seiner Beine und Füße, hindern.
Wenn Marie nicht gerade mit ihren Körper-Koordinations-Spielchen beschäftigt ist, betrachtet sie die Umgebung. Dabei verfolgt sie mich mit den Augen, so dass ich manchmal das Gefühl habe, kleine glühende Kohlen ruhen auf mir.
Ihre Fähigkeiten in puncto Ausdauer nehmen rasant zu. Es ist unbeschreiblich, wie lange und intensiv sie irgendetwas studiert. Seien es die Blätter der Zimmerpflanze oder der tropfende Wasserhahn in der Küche. Vom Bullauge der Waschmaschine kann sie die Augen gar nicht lassen. Wie abwechslungsreich ist das ganz normale Leben, der ganz schlichte Alltag für unser Kind.
An manchem Wochenende haben wir nichts Besonderes vor. Wir machen „auf orientalisch“. Das heißt: Wir packen alles, was wir an Kissen und sonstigem Weichen haben, auf die Erde. Wir flegeln uns mit unserer Kleinen auf dem Boden rum, lesen, ruhen, reden, hören Musik. Bei schönem, warmem Wetter auf dem Balkon, normalerweise im Wohnzimmer. Der Fußboden ist für uns ein Stück Lebensraum geworden.
Selbst unser Besuch zieht sich neuerdings immer die Straßenschuhe aus. Wahrscheinlich signalisiert unser Verhalten ihm, den Boden etwas schonender zu behandeln.
Noch nie im Leben ist mir aufgefallen, wie schnell die Zeit vergeht, wie beim Heranwachsen unseres Kindes. Marie ist jetzt schon über ein halbes Jahr alt.

Andererseits ist sie erst vor einem guten halben Jahr in unser Leben getreten. Aber ohne sie können wir uns keinen Tag mehr vorstellen.
Die nächste Vorsorge-Untersuchung beim Kinder- und Jugendarzt steht an. Diesmal geht es um die U 5. Im Wartezimmer sitzen einige Mütter mit ihrem Kind auf dem Schoß oder auf dem Arm. Eins wird sogar die ganze Zeit im Autositz gelassen. Tragetasche, Autositz, Wippe. Der längere Aufenthalt in solchen Behältnissen dient dem Abtrainieren der Bewegung. Marie will auf den Boden. Das darf sie auch. Eine kleine Decke habe ich immer dabei.
Hier hat sie wieder so viel Neues zu entdecken. Die anderen Mütter sehen mich zweifelnd an. Sie fragen mich, ob sie sich denn da unten wohl fühlt. Marie beantwortet die Frage selbst durch ihr Gebrabbel und durch ihr zufriedenes Betrachten des Warteraums und der wartenden Mütter und Kinder.
Ich kann inzwischen klug reden. Wie wär's, wenn die Mütter ihre Kinder den Fußboden auch mal ausprobieren ließen?
Der Arzt untersucht unser Kind wieder mit bestimmten Griffen und stellt fest, dass es jetzt beide Körperseiten gleichmäßig beansprucht. Auch die Überstreckung ist nur noch andeutungsweise vorhanden. Ich bin erleichtert. Unser aufmerksames Bewegen über beide Seiten, der Abbau der Spielsachen, die den Blick fixierten, haben geholfen, die Symmetriestörung ohne weitere therapeutische Maßnahmen zu korrigieren. Auch der richtige Tragegriff mit Blick nach vorn hat zur Besserung beigetragen.
Unser Arzt ist ebenfalls zufrieden, weil er anfänglich den Verdacht hatte, es könne sich um KISS handeln. Er erklärt mir das Wort. KISS heißt: Kopfgelenk-Induzierte-Symmetrie-Störung. Dabei sind häufig die ersten zwei Halswirbel verschoben und haben sich in dieser Position fixiert. Um ein KISS zu beheben, wird eine chirotherapeutische Behandlung bei einem speziell dafür ausgebildeten Arzt oder Therapeuten empfohlen.
Der Arzt erkundigt sich nach den Aktivitäten unseres Kindes. Ich berichte ihm stolz, dass Marie mit ihren Fingern spielt, sie zum Mund holt, an ihrer Kleidung herumgreift, die Füße hochzieht und mit den Händchen festhält. Dass sie sogar anfängt, sich mit den Füßen in den Händen auf die Seiten zu rollen.
Als er fragt, ob sie schon auf dem Bauch bleibt, sage ich ihm, dass ich der Kleinen erst Gelegenheit und Zeit geben will, die Seitenlagen zu vertiefen, um dort

liegen bleiben und sich beschäftigen zu können. Unsere Physiotherapeutin hat mir nämlich erklärt, dass Kinder in dieser Position ihr Gleichgewichts-System intensiv trainieren können. Denn auf dieser schmalen Auflagebasis ist es schwer, nicht auf den Bauch oder auf den Rücken zu kippen. Wenn sie dann irgendwann das Gleichgewicht auf den Seiten halten kann, wird sie die Bauchlage von selbst entdecken. Weil sie sich den Weg dorthin erarbeitet hat.
Er respektiert meinen Vorschlag. Um die immer noch leicht erhöhte Muskelspannung vollends zu beheben, sollen wir die Physiotherapie so lange weitermachen, bis Marie krabbeln und sich hinsetzen kann. Wann wird das wohl sein? Ich habe volles Vertrauen in die körpereigene Intelligenz unseres Kindes und werde ihm so viel Zeit lassen, wie es braucht, um selbständig diese nächste Ebene zu erreichen.
Unser Arztbesuch war ein voller Erfolg. Wir haben seitdem unendlich viel dazugelernt. Unser Desaster in den ersten Lebenswochen kommt mir inzwischen wie ein reines Missverständnis zwischen Eltern und Kind vor. Immer wenn Marie weinte, dachten wir: *„Das darf nicht sein. Wir müssen sie beruhigen.“* Wir hatten nur eins im Sinn – das Weinen unseres Kindes möglichst schnell abzustellen. Und so versuchten wir, sie mit immer unqualifizierteren Methoden zum Schweigen zu bringen. Das Ergebnis: Marie wollte nur noch auf unserem Arm sein und ständig mit allen Mitteln beruhigt werden. So begann ihr Verhalten unsere Aktionen zu beherrschen. Dabei aber kann sich nichts entwickeln. Ein Kind braucht die elterliche Kraft, der es bedingungslos vertrauen kann.
Mit unserem konsequenten Lernprogramm haben wir unser Kind inzwischen liebevoll und kompetent überzeugt, dass es starke, wissende Eltern hat, auf die es sich verlassen kann – Eltern, die ihm helfen, sich an richtigen und wichtigen Dingen des Lebens zu orientieren.

Orientierungs-Hilfen fürs Kind – ein Muss für den Baby-Führerschein

Dazu sagt die Expertin:

- Ihr Kind braucht viel Zeit und wenig Ablenkung, um seine Körperteile zu entdecken
- Nur, wenn Ihr Kind seinen Körper kennt, kann es seine motorischen Fähigkeiten optimal entwickeln

8

Es kommt in Bewegung

Wir sind jeden Tag überrascht, was unser Kind ständig dazu lernt und wie rasant es sich entwickelt.
Das Wickeln ist ein kooperatives Miteinander. Am liebsten greift die Kleine sofort zu, wenn ich ihre Beinchen zu ihr beuge und ihr die Fußspitzen entgegenführe. Immer öfter gelingt es ihr schon, die Strümpfe von den Füßchen zu ziehen und sich sofort in den Mund zu holen. Das Betasten und das Probieren der Kleidungsstücke machen das Pflegen zu einem richtigen Lernprogramm. Beim Anziehen bewege ich die Kleine liegend hin und her, rolle sie aus den Sachen heraus und später wieder hinein. Ich ziehe sie nicht hoch oder setze sie dabei hin.
Gleichzeitig mache ich auch Übungen, die mir die Therapeutin gezeigt hat: Ich drücke und klopfe sie, um ihr Tiefensystem – also Muskeln, Knochen und Gelenke – anzuregen. So stimuliere ich alle Körperteile, auf die ich unser Kind aufmerksam machen will. Die gleiche Wirkung erziele ich mit dem Oberflächensystem, also der Haut: Durch Streicheln, Massieren, sanftes Bürsten vermittele ich ihr die Körperwahrnehmung, die sie braucht, um mit ihrem Körper richtig in Bewegung kommen zu können.

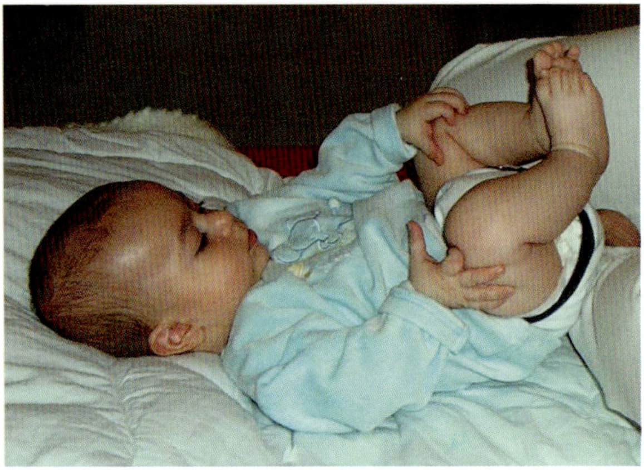

Zieht unser Kind in Rückenlage die Beinchen heran, …

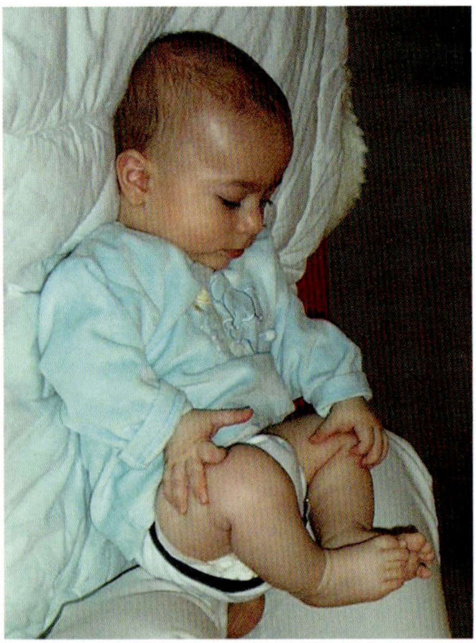

… nimmt es die Haltung des Sitzens ein.

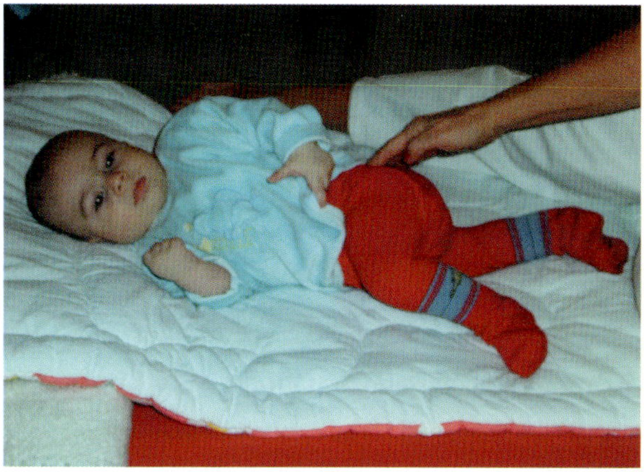

Rollt es sich auf die Seite
und bleibt dort liegen, …

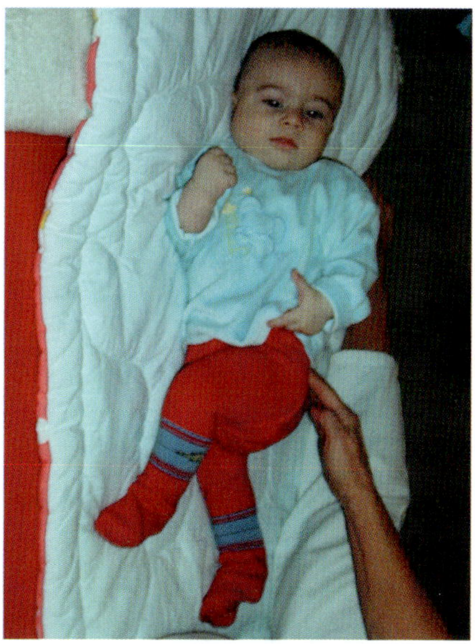

… nimmt es die Haltung des
Gehens ein.

Denn was man nicht fühlt und spürt, kann man auch nicht bewegen. Das Gleichgewichts-System stimuliere ich durch Heranbeugen der Beine, durch Hin-und-Her-Rollen und Innehalten auf den Seiten. Mit der Seite, die sie anfangs nicht so gern benutzt hat, mache ich die Übungen einfach etwas öfter und länger. Insgesamt dauert das jedesmal etwa zehn Minuten lang. So machen wir bei fünfmal Pflegen täglich fast eine Stunde lang Gymnastik. Welcher Erwachsene macht schon eine Stunde Sport jeden Tag?

Marie bereitet also ihre Gelenke auf Sitzen und Gehen vor, ohne sich dabei schon mit dem Körpergewicht zu belasten. Diese tolle Vorbereitung soll sie noch schön lange praktizieren.

Hoffentlich entdeckt sie noch nicht so bald die Bauchlage. Zu früh trainiert hat die nämlich auf die spätere Entwicklung des Sitzens am Boden einen schlechten Einfluss. Das Kind wird sich zum Sitzen nur in den breiten „Zwischenfersensitz“ schieben und zwischen den Knien hocken – mit den Füßen nach hinten. Deshalb wird es die komplizierte Drehung zum richtigen Sitzen auf dem Popo – mit den Füßen nach vorn – nicht können und im Nachhinein nur sehr schwer lernen.

Um die schmale Basis der Seitenlage zu vertiefen, lege ich mich oft Gesicht an Gesicht, Stirn an Stirn auf den Boden zu ihr. Sie spielt an meiner Nase, zupft an meinen Lippen, zieht an den Haaren. Einmal bin ich dabei eingeschlafen. Sie hat mich nicht aufgeweckt. Als ich die Augen wieder aufschlug, lag sie immer noch auf der Seite und schaute mich mit großen Augen an.

Ihr liebstes Spielzeug ist im Moment eine große Plastikschüssel. Sie war so fasziniert, als ich einmal etwas darin rührte, dass ich sie ihr auf den Boden legte. Sofort hat sie die Schüssel in Besitz genommen. Sie beklopft sie, hält sie mit beiden Händchen am Rand fest und zieht sie auf den Körper. Sofort kommen die Füßchen dazu und umgreifen den unteren Rand. Sie packt sich regelrecht hinein, zieht die Schüssel mit den Füßen nach unten und mit den Händen wieder hoch.

Und ein weiterer Gegenstand ist ein Teil des Begreifens und Betastens geworden: der blaue Deckel ihrer Cremedose. Er wandert von Hand zu Hand und in den Mund. Sie dreht und wendet ihn endlos, so als wolle sie die Geschicklichkeit ihrer Händchen in allen Variationen trainieren.

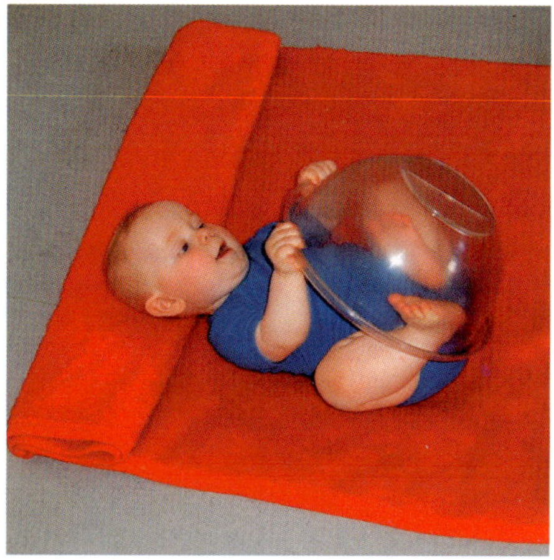

Das Schüsselerlebnis: Bewegungs-Übungen mit Händen und Füßen.

Eine Plastikschüssel, eine Cremedose, eine Packung Taschentücher, das Etikett an der Babydecke – unser Kind entdeckt ständig und überall Spielzeug aus dem täglichen Leben, das es brennend interessiert. Marie langweilt sich keine Spur, weil ja ständig etwas Neues in ihrer Umgebung auftaucht. Für sie ist unser Haushalt der größte Spielzeugladen der Welt.

Einmal fiel eine Jeans aus dem Wäschekorb. Marie bekam sie zu fassen und war eine dreiviertel Stunde lang damit beschäftigt, die Nähte, die Knöpfe und den Reißverschluss mit Mund und Händen zu ertasten.

Allmählich bewegt sie sich von der Rückenlage aus selbständig auf beide Seiten und bleibt mal längere Zeit auf der einen oder anderen Seite liegen, um mit ihren Füßen oder irgendwelchen Gegenständen zu spielen.

Und dann ist es soweit: Eines Tages sehe ich unsere Kleine plötzlich auf dem Bauch liegen. Sie ist jetzt acht Monate alt. Ich habe nicht gesehen, wie sie das geschafft hat. Aber wichtig ist, dass sie es ganz allein geschafft hat.

Jetzt ist sie richtig stolz. Sie scheint festzustellen, dass sie jetzt selbst in Bewegung kommen kann. Es sieht so aus, als bekomme sie ein richtiges Leistungsgefühl.

Nun fängt sie richtig an zu arbeiten. Unermüdlich rollt sie über die Seiten auf den Bauch – mit Stöhnen und Keuchen. Beim Zurückrollen muss ich sie noch unterstützen. Ich schiebe einfach ein Ärmchen vor ihre Brust und rolle sie über die Schulter zurück. Das mache ich ganz langsam und stütze nicht das Köpfchen. Vorsichtig abrollen – das muss sie selbst lernen.

Ganz allein geschafft: Die Bauchlage

Die Bauchlage wird jetzt immer stabiler. Die Kleine stützt sich auf die Ellenbogen und wackelt hin und her, um ihr Gleichgewicht zu trainieren. Immer häufiger drückt sie sich auch auf ihre Hände und fängt allmählich an, zu den Seiten zu tapsen – regelrecht im Kreis um ihren Körper herum. Die Physiotherapeutin nennt das „Kreiskriechen."

Drei Wochen lang muss ich ihr noch beim Zurückrollen helfen. Dann hat sie das Rollen komplett entdeckt. Sie kann noch längst nicht krabbeln, aber sie bewegt sich jetzt auf alle Gegenstände am Boden zu. Die Teppichkante wird ständig hochgehoben – und dann wid drunter geschaut. Sie rollt in die anderen Zimmer hinter mir her. Welche Leistung, den Körper mit seiner Längsachse um Kurven und Ecken zu bewegen. Es ist rührend zu sehen, wenn zuerst ein Bein, ein Arm oder ein Stück vom Köpfchen im Türrahmen erscheint.

Unsere Kleine macht jetzt die ganze Wohnung unsicher. Sie ist hoch zufrieden, weil sie sich auf ihrer Ebene jetzt alles erfüllen kann, was sie möchte. Endlich kommt sie überall hin, wo sie bisher nur mit den Augen hin konnte. Endlich kann sie das alles erreichen und berühren.

Schon vor einigen Wochen haben wir alle Steckdosen mit Kindersicherungen versehen. Wir haben Kabel von Lampen und Geräten fixiert oder sonstwie für unser Kind unerreichbar gemacht. Marie kommt jetzt an Stellen und Ecken in unserer Wohnung, an die man als Erwachsener nicht einmal denken würde. Manchmal muss ich ihr wieder unter der Couch hervorhelfen. Sie rollt sich unter Stühle, spielt mit Tisch- und Stuhlbeinen, beklopft sie mit Händchen und Füßchen. Ständig entdeckt sie etwas Neues. Zwischendurch macht sie auch mal Pausen und genießt sich nur im stillen Liegen und Betrachten.

Wochenlang rollt, wälzt und drückt sich unser Kind nun so am Boden. Es trainiert und stimuliert seinen kleinen Körper. Wir lassen ihm alle Zeit für diese Bewegungs-Vielfalt in der Horizontalen.

In der Rückbildungsgruppe für junge Mütter werden die Kinder von ihren Müttern hingesetzt. Die Mütter sind dann auch ganz stolz. Aber außer Sitzen geht gar nichts. Die Kinder können diese Position nicht allein verlassen. Sie fangen an zu weinen und müssen warten, bis die Mütter sie hochnehmen oder wieder hinlegen.

Ich habe inzwischen gelernt, dass es ein Unterschied ist, ob ich sage: *„Mein Kind kann sitzen"*, oder *„Mein Kind kann sich setzen."* Das selbständige Hinsetzen ist nämlich ein sehr komplizierter Vorgang, der erst nach dem Krabbeln erarbeitet wird. Also: Zuerst kommt Krabbeln. Dann kommt das „sich Setzen". Danach wird das Kind auch vom Sitzen allein wieder zum Weiterkrabbeln kommen.

Aber noch rollt unsere kleine Achtmonatige durch den ganzen Gymnastikraum, erforscht die neue Umgebung und wirft mir gelegentlich einen Blick aus der Entfernung zu, um kurz zu sichern, dass ich da bin. Wir berühren uns mit den Augen, als sei auch über die Distanz ein roter Faden der Sicherheit vorhanden. Ich mache in Ruhe meine Gymnastik, während die anderen Mütter überwiegend mit Beschäftigen und Trösten ihrer gelangweilten ängstlichen Kinder zu tun haben. Einerseits beneiden und bestaunen sie das pflegeleichte Miteinander zwischen mir und meinem Kind, andererseits aber erkundigen sie sich, warum es noch nicht sitzt. Inzwischen erkläre ich nicht mehr viel, sondern sage nur, dass wir ihm Zeit lassen mit seiner Entwicklung.

Ich mag diesen Konkurrenzkampf nicht. Er ist unter Eltern weit verbreitet. Selbst nach dem Besuch von Baby-Spiel- oder Turn-Gruppen gehen Mütter oft deprimiert nach Hause, weil wieder verglichen und bewertet wurde, welches Kind denn nun am besten und schnellsten in seiner Entwicklung ist. Es ist ein unsäglicher Wettbewerb unter den Müttern. Sie haben Angst, ihre Kinder könnten mit irgendetwas gegenüber anderen zurückstehen. Sie treiben sie an und merken gar nicht, dass sie ihnen damit die Basis für eine eigenständige Entwicklung entziehen, die sich an ihren Fähigkeiten, Stärken und Talenten orientiert.

Ich finde, es ist keine gute Grundlage, wenn zu viel getragen, gesetzt oder hingestellt wird, bevor ein Kind den Weg in diese Positionen selbst erarbeitet hat. Von Hilfsmitteln wie Bauchlagetrainer oder Laufiernhilfen ganz zu schweigen. Die in den frühen Lebensmonaten erlangten Fähigkeiten sind entscheidend für das Leben. Die Dauer und Vielfalt der kindlichen Bewegungen auf dem Boden aktivieren das Tiefen-, Oberflächen-, und Gleichgewichts-System. Dadurch werden Millionen von Hirnzellen miteinander vernetzt. Die drei Basis-Sinnes-Systeme brauchen lediglich Druck, Reibung und Bewegung.

Das sind die gleichen Einflüsse, die das Kind während des Heranwachsens im Uterus bereits hatte: Druck und Reibung durch die Gebärmutterwand und das Fruchtwasser, Bewegung durch die Bewegungen der Mutter.

Eigentlich müsste eine Schwangerschaft viel länger dauern. Aus anatomischen Gründen geht das aber nicht. Deshalb ist die weitere Stimulation der Basis-Sinne über eine lange Zeit nach der Geburt noch äußerst notwendig.

Wenn die Basis-Sinne in den ersten etwa achtzehn Lebensmonaten lange und gut stimuliert werden, arbeiten sie hervorragend miteinander und sichern Harmonie in Bewegung und Handlung. Das Kind entwickelt eine umfassende Wahrnehmung und wird auch Risiken erkennen und Aktivitäten abwägen. Ich bin auch überzeugt, dass ein gut vernetztes Gehirn schlichtweg besser denken kann.

Mit seinem wochenlangen Rollen baut sich unser Kind auch den so genannten Balken als Verbindungssteg zwischen beiden Hirnhälften aus. Das bedeutet, dass es lernt, mit den Händen überkreuz zu greifen. Eine wichtige Fähigkeit für geschicktes Handeln und später für das Schreiben. Es wird ab dem dritten

Lebensjahr mit Leichtigkeit einen Kreis malen können – ein Untersuchungstest für die Feinmotorik beim Kinder- und Jugendarzt.
In letzter Zeit überrascht Marie uns mit so viel Neuem, dass ich mir die genauen Alterswochen gar nicht gemerkt habe. Eins nach dem anderen kommt zwischen dem achten und zwölften Monat. Aber es ist sowieso völlig unwichtig, wann etwas gekonnt wird – es ist wichtig, dass und wie es gekonnt wird.
Marie kann rollen, kreiskriechen, auf den Seiten liegend spielen. Sie stützt sich seitlich auf einen Ellenbogen und schaut wie ein kleiner Gartenzwerg in die Gegend. Sie schiebt sich mit den Händen rückwärts, obwohl sie eigentlich nach vorn will. Und dann wird sie richtig böse, weil es nicht klappt.
Aber irgendwann hat sie das Kriechen entdeckt. Sie robbt jetzt immer geschickter. Erst noch etwas asymmetrisch mit einem Arm und einem Bein, dann schon gleichmäßig mit Armen und Beinen im Wechsel. Es sieht aus wie das Kriechen einer kleinen Echse, eines kleinen Urtieres, das aus dem Wasser an Land kriecht. Aber wir greifen nicht ein. Wir beobachten nur.
Es ist so wie bei einem Haus: Mit all diesen Bewegungen baut sie sich einen festen, stabilen Keller, der das Haus stützen und tragen wird. Und dann fängt sie an, am Erdgeschoss zu basteln. Eines Tages stemmt sie sich auf beide Hände und versucht, die Knie unter den Bauch zu ziehen, knickt aber wieder ein: doch wohl noch zu schwer. Mal rutschen die Beinchen auseinander, mal können die Ärmchen die Last nicht halten. Ich höre Keuchen und Ächzen – wie immer, wenn sie sich unermüdlich mit einer Bewegungs-Entdeckung beschäftigt.
Ich bewundere unser Kind, mit welcher Intensität und Ausdauer es sich mit der neuen Aufgabe beschäftigt – die Aufgabe, die sein Körper ihm aufgibt: den nächsten Schritt zur Aufrichtung zu schaffen.
Ja, und nach einigen Tagen gelingt es. Stabil schaukelt Marie auf Knien und Händen vor und zurück. Als wolle sie erst einmal den Halt von Händen und Knien sichern, bevor sie zum Krabbeln jeweils eins anheben und vorsetzen muss. Voller Stolz zeigt sie uns, was sie kann. Sie rockt vor und zurück, hin und her – und rappelt sich gleich wieder auf, wenn sie mal zusammenklappt.
Ich halte mich völlig zurück. Ich will mich in dieses Lernen nicht einmischen. Ich traue ihr einfach eine ganze Menge zu. Ich glaube, so legt sie schon den

Grundstein für Konzentration und Auseinandersetzung mit Aufgaben im späteren Leben: An einer Aufgabe dran bleiben und über Versuch und Irrtum die Lösung finden.
Maries Fortbewegung besteht inzwischen aus einem Wechsel zwischen Robben und sich zum Schaukeln Hochstemmen. Als wir an einem Wochenende mal wieder unseren „orientalischen" Nachmittag auf dem Boden machen, krabbelt sie plötzlich richtig los. Wie ein kleines Tier, das noch etwas wackelig die ersten Schritte macht. Sie kommt durch den ganzen Raum und genießt unser erfreutes Erstaunen, indem sie sich erst mal wieder auf den Bauch legt und uns triumphierend anschaut. Nach kurzer Verschnaufpause geht es gleich wieder los.
Für unser Kind ist die Bewegung reines Erlebnis. Das Erdgeschoss seiner Aufrichtung ist sicher und fest erreicht – das Erdgeschoss des Hauses.
Von der Therapeutin weiß ich, dass jedes Kind in den ersten zwei Lebensjahren 150 Kilometer gekrabbelt sein sollte. Das wäre eine Strecke von Hamburg bis Hannover. Dann sind Gleichgewichts- und Tiefensystem gut trainiert. Die Muskeln des Rückens und Schultergürtels sind gut gekräftigt. Kinder, die viel krabbeln, werden eindeutig gerader als zu früh gesetzte und hingestellte Kinder.
Maries Krabbeln wird inzwischen unerhört sicher und immer schneller. Die Knie sind meistens rot und sogar rau. Nichts, aber auch gar nichts ist mehr si-

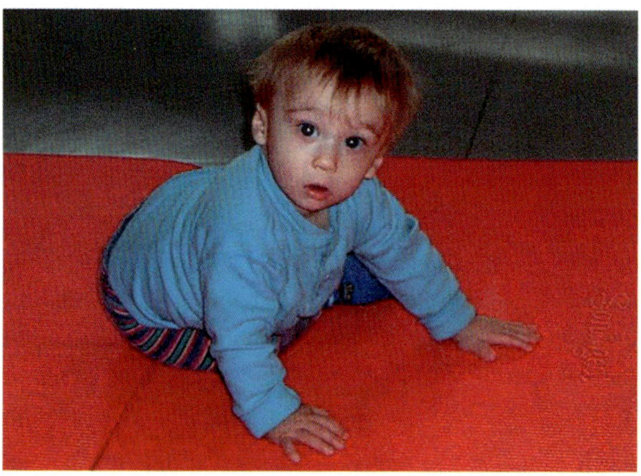

Vom Krabbeln zum Sitzen

cher vor ihr. Weil wir aber unsere Wohnung nicht umräumen oder gar ausräumen wollen, fangen wir jetzt schon an, Grenzen zu setzen. Es ist sehr mühsam und zeitaufwendig. Aber: *„Was Hänschen nicht lernt …“*
Mit dem Krabbeln entdeckt Marie jetzt auch das Hinsetzen. Sie schiebt mit den Händen ihren Po einfach schräg nach hinten und setzt sich hin. Mal über die rechte, mal über die linke Seite. Die Füße sind immer vorn. Sie spielt bereits im Sitzen mit ihnen, so wie sie das zu Anfang in der Rückenlage gemacht hatte. Sie zieht genauso die Söckchen aus wie damals. Jetzt aber im Sitzen, ohne umzufallen.
Hätte ich sie schon früher hingesetzt, wie es viele Eltern aus Ungeduld tun, könnte sie, außer dem Versuch nicht umzufallen, gar nichts. Sie bekäme kein Leistungsgefühl, sondern ein Gefühl des Versagens. So aber hat sie es selbst geschafft, weil wir die Geduld hatten, ihr Zeit zu geben.
Ich wundere mich, warum die Therapeutin besonders intensiv auf das Sitzen auf dem Boden eingeht. Sie sagt: *„Es ist ganz, ganz wichtig, dass das Kind von vornherein lernt, sich von der Krabbelposition richtig auf den Po zu setzen. Mit den Füßen nach vorn, so dass es sie sehen und begreifen kann. Falsch und schlecht ist es, wenn das Kind sich vom Krabbeln einfach aufrichtet und sich zwischen die Knie und die nach hinten geschobenen Fersen setzt. Dabei verdreht es seine Hüftgelenke und bekommt später X-Beine und Knickfüße. Von der fehlenden Wahrnehmung seiner Beine und Füße ganz zu schweigen.“*
Nachdem ich die Gründe erfahren habe, achte ich ganz besonders bei unserem und auch bei anderen Kindern darauf, wo sie beim Spielen auf dem Boden ihre Beine haben. Zum Glück hat unser Kind sofort den richtigen Dreh zum Sitzen entdeckt. Marie weiß die Füße vor sich unterzubringen, selbst wenn sie vor einem Gegenstand sitzt. Sie zieht sie ganz dicht heran oder legt sie um den Karton (oder wovor sie gerade sitzt) herum. So trainiert sie wieder ihr Gleichgewicht.
Alles das tut ein Kind nicht, wenn es zwischen seinen Knien und Fersen hockt. Es sitzt beim Spielen schlaff und krumm. Aber auf Spielplätzen, im Sandkasten und in den Kindergruppen sehe ich dieses Sitzverhalten immer wieder.
Eine meiner Freundinnen ist Kindergärtnerin. Sie sagt, so sitzen ihre Kinder beim Spielen fast nur.

Falsch: Der Zwischenfersensitz

Richtig: Füße nach vorn

Wir überlegen uns nun, wie man das Interesse und das Gefühl für die Beine wecken und erreichen könnte, dass die Kinder sie beim Sitzen nach vorn bringen. Warum nicht mal im Spiel die Aufmerksamkeit auf die Füße lenken? Der Fantasie sind keine Grenzen gesetzt. Man kann die Kinder krabbeln lassen und sie auffordern, sich umzudrehen und auf den Po zu setzen. Sie sollen die Fußsohlen aneinander legen, mit den Füßen auf den Boden trommeln, etwas mit

den Zehen greifen, Knöpfe oder Münzen zwischen die Zehen stecken, Beine und Füße abklopfen, drücken, cremen und bemalen.
Auch die Eltern sollen ihre Füße mit ins Spiel bringen. Das Kind muss von vielen Seiten Füße sehen und erleben. Je früher, desto besser. So vermeiden Eltern spätere Besuche beim Orthopäden wegen Gehauffälligkeiten, X -Beinen oder Knick- und Senkfüßen.
Meine Freundin spielt jetzt oft auf diese Weise mit den Kindern. Die Kleinen machen sich sogar inzwischen gegenseitig auf den falschen Sitz am Boden aufmerksam und sagen: „*Du sitzt falsch! Die Füße müssen nach vorn*“.
Spielerisch erarbeitet meine Freundin mit ihren Kindern das selbständige Aus- und Anziehen von Schuhen und Strümpfen auf dem Boden sitzend. Viel zu lange übernehmen die Eltern diese Arbeit. Sobald das Kind sitzen kann, sollen die Eltern es zunächst beim Ausziehen, später beim Anziehen mithelfen lassen.
Auch das beliebte kleine rote Plastik-Auto verdreht beim Abstoßen mit beiden Füßen gleichzeitig die Hüftgelenke nach innen und verstärkt dadurch die Fehlhaltung sogar noch muskulär. Deshalb wird Marie ein kleines Dreirädchen bekommen, auf dem sie zunächst die Füße vorn auf die Pedale stellen kann, während wir es mit einer Stange schieben. Später wird sie dann selbst treten.
Neu – und sehr beliebt bei etwas größeren Kindern – ist das Laufrad. Es ist dem ersten Fahrrad nachgebaut. Die Kinder bewegen die Beine im Wechsel in einer guten Haltung, kommen ganz schön in Fahrt damit und üben Gleichgewicht und Koordination. Es ist eine Vorbereitung für das spätere Fahrrad Fahren.
Unser Krabbelkind genießt jetzt schon wochenlang sein neues Können. Es krabbelt auch rückwärts und schaukelt beim Krabbeln mit dem Köpfchen. Dann setzt es sich, um gleich über eine Seite wieder auf alle Viere zu kommen und weiter zu krabbeln.
Wir haben ihm auf dem Boden eine Kuschel- und Tobecke eingerichtet. Eine schmale Luftmatratze, bepackt mit zwei ausgemusterten Bettdecken und ein paar Kissen, laden ein, darauf herumzukrabbeln und sich zu wälzen.
Unsere Kleine stellt sich auf die Knie und wirft sich auf die weiche Unterlage. Wir toben mit ihr und schubsen ihren kleinen Körper vorsichtig hinein. Sie kreischt vor Vergnügen, muss regelrecht kämpfen und Bewegungen auspro-

bieren, um sich wieder herauszuwühlen. Sie möchte schon kopfüber mit Purzelbaum im Weichen landen.
Immer öfter stellt Marie sich jetzt auf die Knie. Sie hält sich an Möbeln fest oder an unseren Beinen. Wir möchten ihr zu gern helfen, auf die Füße zu kommen, möchten sie an den Händen hochziehen. Aber wir lassen es bleiben. Das muss sie irgendwann aus eigener Kraft schaffen.
Der Kniestand wird jetzt immer stabiler. Sie verlagert das Gewicht mal auf das eine, mal auf das andere Knie. Versuchsweise setzt sie einen Fuß vor. Sie macht Vorbereitungen, sich damit bald zum Stehen hochzudrücken. Tagelang ist sie damit beschäftigt.
Auf einmal gelingt es. Sie zieht mit den Händen, stemmt sich mit einem Fuß hoch und stellt das andere Bein hinterher. Ich bin fasziniert. Welche Arbeit war mit Knien und Füßen notwendig, um den Halt am Boden auszutesten und die Körperlänge auf den kleinen Füßen auszubalancieren. Dieses tiefe Lernen hätten wir mit dem zu frühen Hochhelfen sicher verhindert.
Da steht sie nun aufgerichtet am Stuhl. Aber wie wieder herunterkommen? Sich einfach fallen lassen? Auf den Po plumpsen? Bei einem anderen Kind habe ich vorher bereits gesehen, wie das Herunterkommen geht. Marie muss ein Bein zurücknehmen und mit dem Standbein einknicken. Ich helfe ihr, diesen Weg zu finden. Ich beuge ein Bein zurück und warte, bis das Standbein einknickt. Sie kommt auf das angebeugte hintere Knie, lässt das andere folgen und ist wieder im Kniestand. Jetzt setzt sie einen Fuß vor und steht wieder auf. So lernt sie über den Einkniestand das Rauf und Runter an Gegenständen.
Mit dem sofortigen Erarbeiten dieses Herunterkommens vermeiden wir, dass sie, bis Hilfe kommt, stehen bleiben muss oder umfällt. Unser Kind aufrecht zu sehen, ist die Erfüllung unserer Träume. Das Haus ist gebaut.
Was uns besonders stolz auf uns selbst gemacht hat, ist, dass wir abgewartet haben. Das Drängeln und Fördern hätte den Reichtum der vorbereitenden Entwicklung verkümmern lassen.
Wir haben uns nicht von Berichten anderer Eltern über ihre „Muster-Kinder“ verunsichern lassen. Wir haben einfach weggehört, wenn gesagt wurde: *„Unseres kann aber schon!“ „Was, eures kann noch nicht?“*

Auch dem anfänglichen Drängen der Großeltern, doch diese und jene Entwicklung zu beschleunigen und mit Sitz- und Gehhilfen zu unterstützen, sind wir mit guten erklärenden Gesprächen entgegengetreten.
Die Untersuchungs-Tabellen für Kindesentwicklung würde ich neu definieren. Sie setzen die Eltern nur unter Zeitdruck. Maßgebend ist die Reihenfolge der Entwicklungsstufen. Die dazu gehörenden Altersangaben sollten nur als sehr grobe Richtlinien gewertet werden. Selbst bei gesunden Kindern können sie um ein Jahr variieren.
Viel zu früh wird bei den Vorsorge-Untersuchungen zum Beispiel die Bauchlage gefordert. Aber kaum jemand erkundigt sich nach der Koordinations-Fähigkeit in Rückenlage und Seitenlage. Rücken-, Seiten- und Bauchlage entwickeln sich nämlich nicht gleichzeitig, sondern nacheinander. Und jede Position benötigt beachtliche Zeit zur Vertiefung und Vernetzung im Gehirn.
Auch der Zeitpunkt des Krabbelns und Aufrichtens sollte nicht an einer Tabelle festgemacht werden. Jedem gesunden Kind muss seine individuelle Entwicklungszeit zugebilligt werden. Durch die Tabellen streben die Eltern ein viel zu schnelles Aufrichten an.
Ständen die Eltern nicht unter diesem Druck, unterstützten sie die Bewegungsvielfalt am Boden länger und intensiver. Sie lernten die Fähigkeiten ihres Kindes unten am Boden schätzen und entwickelten einen viel sensibleren Blick für die vielen kleinen Lernschritte, die sich wie ein Mosaik langsam zusammensetzen. Sie orientierten sich am Können ihres Kindes. Sie begleiteten es dort, wo es in seiner individuellen Entwicklung gerade steht.
Man muss die Vorstufen seines Kindes am Boden mit Ausdauer und Gelassenheit begleiten und sein Kind nicht danach bewerten, wann es endlich sitzt und geht. Stehen und Gehen ist nur ein Endergebnis – das Ergebnis einer Palette von hoch spezialisierten Übungen mit allen Körpersinnen in der Horizontalen über den Zeitraum von vielen Monaten.
Das ist bereits die Vorbereitung für das Leben. Je länger und ausgiebiger ein Kind die Vorstufen durchlebt, desto vielfältiger sind seine Gehirnzellen miteinander vernetzt. Das alles habe ich bei unsrer Physiotherapeutin gelernt.
Unser Kind hat mit seiner körpereigenen Intelligenz erkannt, wann ein nächster Schritt zur eigenständigen Weiterentwicklung an der Reihe war. Wir haben

es nicht gefördert, sondern geduldig begleitet und ihm als gute Voraussetzung den Platz am Boden zur Verfügung gestellt.
Wie lange Marie jetzt an Gegenständen und an der Wand entlang gehen wird, überlassen wir auch wieder ihr.
Das Rauf und Runter geht nach einigen Tagen des Übens mit dem Einkniestand perfekt. Marie geht jetzt bereits immer sicherer an Möbeln und Wänden von Raum zu Raum. Wenn größere Distanzen zu überwinden sind, krabbelt sie und zieht sich am Ziel wieder hoch.

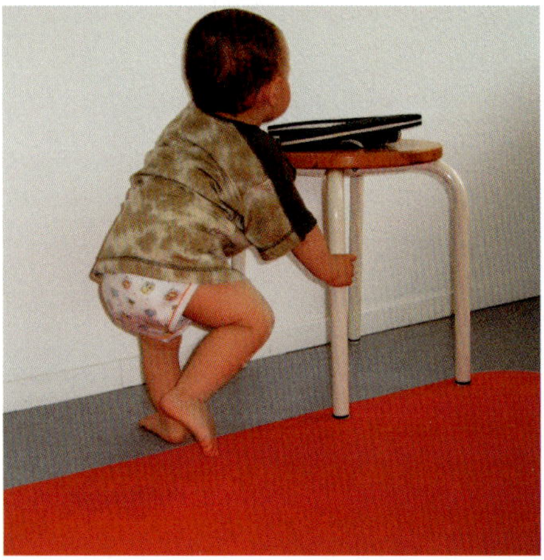

Rauf und runter

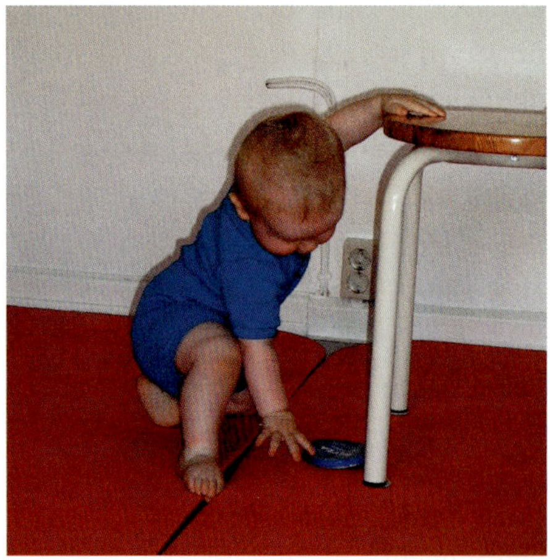

Üben, üben, üben

Ich ziehe ihr jetzt gut anliegende Strümpfe und Noppensocken an. Stramm, damit sie fest am Fuß sitzen und sich nicht verdrehen. Die Füße brauchen ein klares Gefühl für den Boden. Das haben sie nicht, wenn zu große Strümpfe am Fuß herumhängen. Weiche Nappa-Hausschühchen zum Beispiel verunsichern den Fuß beim Stehen. Die Füße rutschen haltlos in den weichen Lederbeuteln herum und stehen auf harten Nähten.
Schuhe werden erst nötig, wenn ein Kind mit gut ausgebildeten Füßen und gutem Gleichgewicht selbständig laufen kann. Ein schlecht entwickelter Fuß wird auch mit so genannten „Lauflernschuhen“ nicht laufen lernen.

Die nächsten zwei Monate – also bis zu ihrem fünfzehnten Lebensmonat – vergehen mit einem Wechsel zwischen Krabbeln und seitlichem an Gegenständen Gehen. Manchmal lässt sie einen winzigen Augenblick los, wackelt und hält sich schnell wieder fest.

Wir nehmen Marie kein einziges Mal an eine oder beide Hände, um mit ihr laufen zu üben. Damit würden wir die wichtigste Gleichgewichtsübung, nämlich die des Stehens, stören. Die Füße müssen lernen, das Körpergewicht gleichmäßig auf die Sohlen zu verteilen. Die Rezeptoren in den Fußsohlen stimulieren dann das Gleichgewichts-System, sagt unsere Physiotherapeutin.

Das leuchtet mir auch ein. Wenn Sie Ihr Kind an einer oder beiden Händen führen, wird das Gleichgewichts-System nur mangelhaft stimuliert. Das selbständige Gehen wird erheblich verzögert. Ihr Kind wäre beim Herumführen an den Händen auch komplett abhängig von der haltenden Person. Lässt sie es los, fällt es gnadenlos hin. Es kann ja noch nicht einmal allein stehen. Wie soll es also dann schon laufen können?

Auch den Großeltern und Freunden, die uns wieder einmal raten wollen: *„Nehmt es doch an die Hand und helft ihm beim Gehen,"* erklären wir: *„Erst kommt Stehen, dann kommt Gehen!"*

Wir locken Marie auch nicht in unsere ausgebreiteten Arme. Auch das übt nicht das Gehen, wenn sie im Sturzflug, im Abstand von wenigen Metern, von einem zum anderen schießt.

Das Loslassen geschieht jetzt immer öfter. Die Kleine geht ein paar Schritte zwischen zwei Stühlen. Mit langen Ärmchen lässt sie einen los und tapst zum anderen. Auch von der Wand löst sie die Hände. Sie ist völlig versunken in das Stehgefühl. Ich halte die Luft an, um nicht ihre Konzentration zu stören. Die Momente des Stehens werden immer länger.

Eines Abends komme ich nach Hause – und mein Mann erzählt mir, dass Marie sich einfach von der Tür, an der sie stand, abgelöst hat und durch den ganzen Raum zu ihm gegangen ist.

Am liebsten möchte ich sie aufwecken, um das zu sehen. Ich kann den Tag nicht erwarten, um unser Kind allein gehen zu sehen. Natürlich wird meine Erwartung am Morgen enttäusch: Marie geht nicht. Vielleicht spürt sie den Erwartungsdruck. Aber am Nachmittag steht sie plötzlich hinter mir, als ich sie noch an der Wand wähne. Sie steht frei im Raum und geht herum. Sie kann es selbst kaum glauben. Sie geht überall hin und fasst nichts an. Sie beschäftigt sich mit gar nichts – außer dem gigantischen Erlebnis des Gehens.

Ich bin so gerührt, dass mir vor Freude die Tränen kommen. Haben wir nicht ein tolles Kind? In nur fünfzehn Monaten hat es sich aus eigener Kraft den langen Weg vom Liegen zum Gehen erarbeitet.

Jetzt werden Schuhe ein Thema. Wir konnten die wohlmeinende Patentante gerade noch davon abhalten, schon mit zwölf Monaten welche zu kaufen. Sie sind erst wirklich wichtig, wenn das Kind auch draußen geht. In der Wohnung sind feste warme Strümpfe und Anti-Rutsch-Socken nach wie vor das Beste.

Unser Schuhkauf ist kompliziert. Wir klappern einige Schuhgeschäfte ab. Die Verkäuferinnen nehmen sich nicht viel Zeit für die Beratung. Unsere Marie ist auch nicht gerade kooperativ und ausdauernd im Anprobieren von Schuhen. Ich ziehe ihr etliche Paare unter Protest an und lasse sie damit laufen. Die meisten Sohlen sind zu hart, die Schuhe viel zu hoch geschnürt. Unser Kind stapft wie ein Roboter zwischen den Regalen herum, rollt gar nicht ab. Das Gehen sieht komisch aus und unser Kind unglücklich.

Ich rufe die Therapeutin an. Sie sagt, wichtig sei die weiche abrollfähige Sohle und ein frei bewegliches Fußgelenk. Schließlich haben wir ja monatelang mehrmals am Tag das Bewegen der Beinchen und Füßchen geübt, damit sie locker werden und später beim Gehen gut abrollen können. Nur: Finde man mal Halbschuhe für Kleinkinder.

Die Schuhfabrikanten glauben alle, das Fußgelenk müsse „Halt" haben und konstruieren fast nur hochgeschnürte Kinderschuhe. Das Gehen wird dadurch so ähnlich unbeweglich wie mit Skistiefeln. Falls wir keine halben oder halb hohen Schuhe finden, soll ich das letzte Schuhbandloch an hochgeschnürten Schuhen offen lassen, wird uns geraten.

Unsere Suche konzentriert sich jetzt auf Halbschuhe oder höchstens halb hohe Schuhe mit biegsamer Sohle. Endlich finden wir sie in einem kleineren Schuhgeschäft. Bevor ich wieder die Anziehprozedur vollziehe, suche ich gezielt die am wenigsten hohen aus und teste sie auf die Biegsamkeit der Sohlen. Die Verkäuferin hat Geduld. Sie bringt mir nach meinen Angaben einige zur Auswahl

und hilft mir auch beim Anprobieren. Dank ihrer guten Kooperation finden wir nach einer Stunde den perfekten Schuh für unser Kind.
Marie geht einfach gut damit umher, möchte die Schuhe nicht abstreifen oder loswerden, so wie fast alle vorher. Wieder eine Etappe geschafft. Mein ganzer Einsatz war nötig. Gut, dass die Patentante nicht irgendwelche „Lauflernschuhe“ besorgt hat.
Ein zweites Paar Schuhe finde ich sogar für einen Euro auf dem Flohmarkt. Es sind wieder halb hohe mit weicher Sohle. Die Fußmuskeln sollen trainiert und nicht gestützt werden. Fußbett und sonstige Fußhilfen sind bei einem gesunden Fuß überhaupt nicht nötig. Vorausgesetzt, das Kind hat alle Entwicklungsstufen am Boden lange durchlaufen. Damit hat es nämlich schon monatelang die Fußmuskulatur für das spätere Gehen mit trainiert und vorbereitet.
Jetzt kann ich sagen: *„Unser Kind steht auf guten Füßen im Leben“.*

Nicht zu viel Gas geben bei der Bewegungs-Entwicklung – wichtig für den „Baby-Führerschein“

Dazu sagt die Expertin:

- Keine Eile mit dem Sitzen oder Laufen
- Ihr Kind sollte jede Vorstufe (rollen, kriechen, krabbeln) lange und intensiv durchlaufen
- Ein gesundes Kind benötigt keinerlei Hilfsmittel, die seine Entwicklung beschleunigen sollen

9

Spielen ergibt sich von selbst

In der Tat waren wir anfangs ganz schön irritiert, als wir erfuhren, dass sich Kinder am besten am Boden entwickeln. Sollten wir Marie denn gar nicht mehr tragen? Sie nicht mehr an uns drücken, schaukeln, wiegen, liebkosen?
Und dass ein Kind ohne Spielzeug fantasievoller, beobachtungsfähiger und geschickter werden sollte, verunsicherte uns ebenfalls. Wir waren sogar empört. Ein Kind braucht doch Spielzeug. Man muss doch mit seinem Kind spielen. Mit dem Spielen nehmen wir doch auch Kontakt zu unserem Kind auf.
Wir hatten die Vorstellung: Spielen geht nur mit Spielsachen und zu bestimmten Zeiten. Aber was ist überhaupt Spielzeug? Eigentlich ist es doch von Erwachsenen Konstruiertes, von dem sie denken, dass es dem Kind gefällt. Aber tut es das wirklich?
Allein die Benennung von frühkindlichem Spielzeug ist nicht gerade anspruchsvoll. Es gibt die Rassel, die Klapper, das Räppelchen, die Klöter, die Quietschente. Das heißt: Es rasselt, klappert, rappelt, klötert und quietscht vor unserem Kind. Und das soll ihm nun einen Eindruck von seiner Umgebung und seinem Gegenüber vermitteln?

Wir Erwachsenen verknüpfen diese Verben bestimmt mit Unbehagen. Heißt es doch im Volksmund z. B.: *„Das macht mich ja ganz rappelig"* oder *„Das quietscht ja entsetzlich."*
Unsere anfängliche Verunsicherung verschwand in wenigen Tagen mit der praktischen Erfahrung. Das neue Miteinander auf dem Fußboden ermöglichte uns viele Momente des innigen Zusammenseins und spielerischen Kontaktes. Ich musste keine Beruhigungs-Aktionen mehr starten, sondern konnte meinem Kind viel mehr Zeit widmen und sie entspannt und in Harmonie mit ihm verbringen. Ich konnte plötzlich in Ruhe mit ihm spielen.
Heute wissen wir: Spielen, das ist die Beschäftigung miteinander. Nicht gezielt, sondern spontan setze oder lege ich mich unzählige Male hinunter zu Marie und nehme sie in den Arm. Jedes nahe Beisammensein bringt ein sich entwickelndes Miteinander. Ich warte ab, was unser Kind tut, und klinke mich mit ein, beantworte einfach nur seine Aktivitäten.
Ich sitze angelehnt und lege die Kleine auf meine Beine. Wir sehen uns an. Ich imitiere ihre Laute, mache neue Geräusche, streichele, massiere, klopfe ihr Körperchen. Wir schmusen Gesicht an Gesicht, spielen mit unseren Fingern.
Marie zieht ein kleines Tuch über ihr Gesicht, ich ziehe es wieder weg. Schon entsteht das „Verstecken-und-wieder-da-sein-Spiel." Ich rüttele sie auf meinen Knien. Sie möchte sich ausschütten vor Lachen. Ich trage sie herum, wir schauen aus dem Fenster. Sie klopft gegen die Scheibe, entdeckt sofort den Griff, um auch den mit den Händchen zu untersuchen.
Ich glaube, ich brauche nicht weiter aufzuzählen, was sich alles ergibt, wenn Eltern und Kind nah beisammen sind. Das ist Spielen. Ein vergnüglicher gemeinsamer Zeitvertreib. Beide Spielpartner inspirieren sich gegenseitig, Dinge zu entdecken und in ein Spiel einzubinden.
Kein Spielzeug kann diesen tiefen Kontakt ersetzen. Denn jedes Spielzeug ist nur ein Medium zwischen Eltern und Kind. In einer Welt voller Reizüberflutung brauchen wir keine zusätzlichen Reize.
Morgens, wenn unsere Kleine vor ihrer ersten Mahlzeit schon wach ist, höre ich sie vor sich hin brabbeln, an den Fingern lutschen, am Bettchen herumklopfen. Ich warte ab, bis sie sich nach einiger Zeit mit Quengeln meldet. Erst jetzt braucht sie mich. Vorher wollte und konnte sie mit sich allein sein.

Jetzt hole ich sie in unser Bett – und wir genießen unser Zusammensein in der warmen kuscheligen Umgebung. Unser Bett ist etwas Besonderes geworden. Früher war es der Ort, in dem wir alle verkrampft irgendwie die Nacht über die Runden bringen mussten.

Tagsüber ergeben sich unsere Schmuse- und Spielmomente auch durch Maries Verhalten. Wenn ich sehe, dass sie mit sich beschäftigt ist, umher schaut, mich beobachtet, träumt, mache ich in Ruhe meine Erledigungen im Haushalt. Sie zeigt mir immer, wenn sie Kontakt möchte. Dann nörgelt sie, rudert mit den Armen und wird unruhig. Und sofort bin ich da. Unserer gemeinsamen spielerischen Kreativität sind dann keine Grenzen gesetzt.

Bis zum zweiten Lebensjahr spielt unser Kind immer noch nicht im hergebrachten Sinne. Entsprechend seinem fortschreitenden Alter arbeitet es ständig. Es erkundet, probiert aus, spielt mit allem, was rumliegt. Mischt bei uns Erwachsenen mit, ahmt nach.

Ich kann es einmal doch nicht lassen und gebe Marie den Karton mit den bunten schrillen Spielzeug-Geschenken. Aber was tut unser kluges Kind? Es schüttet das ganze bunte Zeug aus und spielt mit dem Karton.

Mit zunehmender Bewegungsfähigkeit entwickeln sich neue Spiele. Sie krabbelt davon, versteckt sich oder lässt sich verfolgen. Oder sie tobt ausgelassen auf ihrer weichen Tobedecke.

Manchmal kann ich sogar schon in Ruhe Dinge erledigen, während sie sich richtig lange allein beschäftigt. Dann räumt sie Wäscheklammern in Schüsseln ein und aus, spielt mit Schneebesen, Zitronenpresse und Wasserflaschen. Sie setzt Schüsseln aufeinander und wirft sie wieder um. Oder sie vertieft sich endlos in das Auflesen von Krümeln mit Zeigefinger und Daumen.

Wenn ich den Geschirrspüler ausräume, ist unsere Kleine sofort da, um zu helfen. Sie bekommt dann ihre kleinen Aufgaben, wie beispielsweise nicht gerade zerbrechliche Dinge einräumen zu dürfen.

Ich bin erstaunt, wie gern Kinder ihre Kraft einsetzen. Marie zieht und schiebt zum Beispiel allzu gern den Korb mit alten Zeitungen durch die Küche. Der ist richtig schwer. Sie muss ordentlich kämpfen. Aber sie gibt nicht auf, bis der Korb durch die ganze Küche geschoben ist. So bekommt sie auch die Einkaufstasche, die ich nach dem Einkaufen auf ein erträgliches Gewicht redu-

ziert habe, und darf sie in die Küche schleppen. Wir Eltern werden Meister darin, alltägliche Gegebenheiten in spielerische Möglichkeiten umzuwandeln.
Nach und nach entwickelt sich auch das Spielen mit anderen Kindern. Mit dem Krabbelalter geht es schon auf Spielwiese und Spielplatz. Dort treffen wir andere Mütter mit ihren Kindern. Die Kleinen steuern gezielt aufeinander zu. Sie schauen sich an, berühren sich – mal scheu, mal grob – krabbeln herum und sind miteinander beschäftigt.
Wir Mütter haben tatsächlich Zeit, Kaffee zu trinken und uns zu unterhalten. Wir bleiben auch gelassen, wenn ein kleiner Streit unter den Zwergen entsteht. Und wir warten ab, ob sie selbst die Lösung finden und sich wieder vertragen – und schlichten erst, wenn die Handgreiflichkeiten zu arg werden.
Im Laufe der Zeit entdeckt unser Kind auch die Geräte auf den Spielplätzen. Ich bin unauffällig in seiner Nähe, stehe hinter ihm, um erst im letzten Moment einzugreifen. Warnende Worte der Mütter: *„Pass auf!“* oder *„Sei vorsichtig!“ „Das kannst du nicht!“* helfen einem Kind nicht, Gefahren einzuschätzen.
Ich lasse unser Kind mit viel Gefühl Erfahrungen machen. Zum Beispiel soll es mit der noch ganz leicht pendelnden Schaukel in Kontakt kommen, damit es den Rückstoß spürt. Immer und immer wieder. Allzu oft beobachte ich, wie Kinder mit voller Wucht von Schaukeln getroffen werden, weil sie keine Erfahrung mit dem Schwung haben.
Gefährlich finde ich auch die „Luftfangspiele“. Es soll ein Spaß sein, die Kinder hoch zu werfen, vom Wickeltisch oder sonstigen Höhen springen zu lassen – und die Eltern fangen sie auf. Kinder, die das erlebt haben, lassen sich aber auch dann fallen, wenn niemand zum Auffangen da ist.
Ebenso riskant ist das uralte „Hoppe-Reiter-Spiel“. Es ist gefährlich, das Kind am Ende rückwärts plumpsen zu lassen und ganz zuletzt aufzufangen. Dieses Spiel wird ja meist mit den kleineren Kindern gemacht. Sobald sie sich selbst hinsetzen oder sich an Möbeln hochziehen können, lassen sie sich einfach nach hinten fallen – in der Erinnerung, aufgefangen zu werden.
Auf dem Spielplatz an den Geräten zeigt Marie, dass ihr die Frühentwicklung auf dem Fußboden über die vielen Monate zu Spaß und Experimentierfreudigkeit in der Bewegung verholfen hat. Sie will rutschen, versucht kleine Höhen zu erklimmen. Sie probiert die Schaukel aus und balanciert über wackeli-

ge Brücken. Ich staune, wie schnell meine Hilfe überflüssig wird, wie die Sicherheit ihrer Bewegungen zunimmt.
Meine Bedenken, sie könne sich verletzen oder sie komme mit einer Situation, in die sie sich begeben hat, nicht klar, bauen sich immer mehr ab. Ich sehe, dass sie ihre Fähigkeiten richtig einschätzt. Sie krabbelt immer nur so hoch, wie sie sicher ist, auch wieder herunter zu kommen.
Im Sandkasten wird gebuddelt und gewälzt. Die Beine werden mit Sand zugepackt. Er rinnt durch die Finger. Mit Wasser wird Matsch gemischt. Schüppe und Förmchen liegen oft ungenutzt herum. Unser Kind will den Sand viel lieber pur erleben.
Der Spielplatz mit seinen Geräten bietet die Möglichkeit, beim Spielen den gesamten Körper einzusetzen, Höhen, Schrägen, Unsicherheiten zu erfahren – also grobmotorische Erfahrungen zu machen.
Die Tatsache, dass die Kinder stundenlang – auch bei Wind und Wetter – dort herumtollen, beweist, dass der Mensch für seine gute Entwicklung dieses Ganzkörpertraining dringend braucht. Und zwar regelmäßig mit aller Intensität. Daraus entwickelt sich nämlich dann automatisch das feinmotorische Können.
Beherrscht ein Kind das Gehen auf Schrägen und das Rutschen, wird es später mit der Hand auch schräge Striche malen und schreiben können, wie zum Beispiel beim A oder K. Kann es rollen, sich vom Krabbeln zum Sitzen drehen, sich umwenden, um schräg nach hinten zu greifen, dann wird es später die Mittellinie überkreuzen können. Es wird einen runden Kreis und eine 8 malen. Es wird gut und schnell schreiben, auf gerader Linie von links nach rechts. So können alle grobmotorischen Fähigkeiten des Körpers auf die Feinmotorik übertragen werden. Auch Konzentration und Ausdauer beim Handeln werden über eine gut trainierte Körperwahrnehmung gesichert. Wer seinen Körper fühlt und sich wohl fühlt, wird bestimmt seine Tätigkeiten mit Qualität erfüllen können.

Für den „Baby-Führerschein" braucht man den ganzen Körper – grobmotorisch und feinmotorisch.

Dazu sagt die Expertin:

- Ihr Kind spielt mit dem ganzen Körper, nicht nur mit den Händen
- Je weniger vorgefertigte Dinge Sie Ihrem Kind zum Spielen geben, desto leichter wird es seine Kreativität und Fantasie entwickeln
- Ihr Kind entwickelt die Fähigkeit, Gegenstände aus der normalen Umgebung in sein Spiel mit einzubeziehen

10

Regeln, Anordnungen und Verbote

Als unser Kind noch nicht geboren war, beobachtete ich bewusst Situationen zwischen Mutter und Kind auf der Straße und in Geschäften. Ein ideales Miteinander habe ich ganz selten gesehen. Die Mutter war meist genervt, und das Kind ignorierte ihre Aufforderungen. Das abgenutzte *„NEIN!"* zeigte keinerlei Wirkung. Das Kind rannte oft ziel- und planlos zwischen den Regalen herum und die Mutter hektisch schimpfend hinterher. Die Situation eskalierte dann meistens an der Kasse, wo die Mutter ihr Kind ausschimpfte, am Arm zerrte oder ihm Schläge androhte. Auf der Straße rannten kleine Kinder oft einfach der Mutter davon. Sie lief aufgebracht und schreiend hinterher, um es beim Einholen noch mehr zu beschimpfen und zu schütteln.

Ich fragte mich damals schon, wie so ein hilfloses Verhalten zustande kommt. Und ich wollte es natürlich ganz anders machen, wenn unser Kind erst mal da war.

Jetzt ist es also soweit. Mit der selbständigen Fortbewegung kann Marie die vielen Dinge, die sie erst nur mit den Augen berühren konnte, endlich mit den Händchen anfassen und erleben. Sie denkt, ihr gehöre die ganze Welt.
Und jetzt beginnt die schwerste Aufgabe für uns Eltern – nämlich Grenzen zu setzen. Zu zeigen, was *nicht* geht. Ich kann mich gut in unsere Kleine hineinversetzen. Alles ist interessant. Alles möchte sie mit den Händchen spüren, es beklopfen, untersuchen. Aber *alles* geht einfach nicht!
Wie kann ich ihr das nur verständlich machen? Ich merke: Das geht nur durch meinen vollen Einsatz. Mit Worten und körperlicher Berührung. Mit viel Zeit und Geduld, Aufmerksamkeit und Präsenz.
Plötzlich wird das Wickeln und Anziehen zu einer anstrengenden Prozedur. Bis jetzt war es ein kooperatives Miteinander. Aber nun dreht sie sich mit aller Kraft weg, macht sich steif, kämpft mit einer unglaublichen Ausdauer gegen meine Versuche, Windeln und Kleidung anzuziehen. Es dauert ewig, bis es geschafft ist.
Auf dem Wickeltisch ist das alles richtig gefährlich. Oft muss ich sie abfangen und mit allen Kräften vor dem Herunterfallen retten. Ich hätte vier Arme nötig. Aber wir haben ja zum Glück einen Fußboden. Der ist ideal als Wickel-

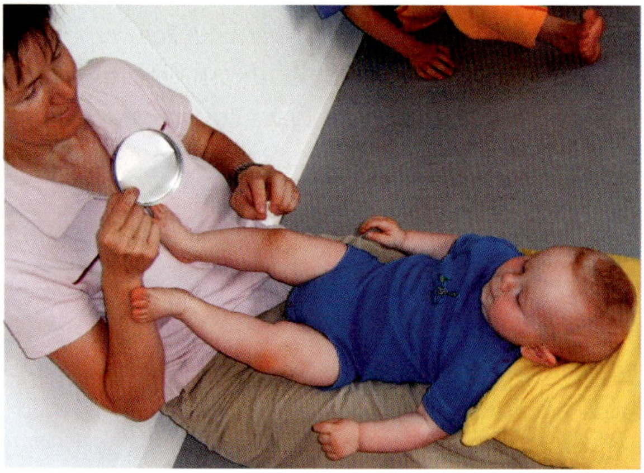

Mit beiden Beinen Grenzen setzen:
Wickeln und Pflegen am Boden

platz. Alle Wickelutensilien kommen in einen Korb – und ab heute wird auf dem Boden gewickelt und angezogen.
Jetzt brauche ich keine vier Arme mehr. Jetzt kann ich unsere sich sträubende Kleine fest mit meinen Beinen umschließen. Sie versucht natürlich, sich darüber hinweg zu kämpfen. Aber meine Beine bieten nach rechts und links eine starke Begrenzung. Auch durch ihr Schreien lasse ich mich nicht von meinem Vorhaben abbringen. Schließlich ist das Anziehen eine lebenslange Regel. Kleiden muss sich der Mensch bis zu seinem letzten Tag.
Im Moment lernt unsere Marie, liegen zu bleiben und mitzumachen. Wenn das Anziehen beendet ist, nehme ich meine Beine weg – und sie darf los. Nach nur einer Woche hat sie diesen Ablauf verstanden. Jetzt lässt sie sich in Ruhe fertig machen und krabbelt erst los, wenn ich die Begrenzung aufhebe.
Unser praktisches Lernen von Grenzen und Verboten findet jeden Tag an bestimmten Stellen intensiv statt. An den Steckdosen, die zwar gesichert sind, aber trotzdem tabu. An den CDs und der Stereoanlage, den Zimmerpflanzen, den Knöpfen des Elektroherdes, dem Abfalleimer und an vielen anderen Dingen des Haushaltes. Unsere Kleine krabbelt hin, ich komme sofort dazu und sage: *„Halt, lass das!“*
Weil die Worte noch nicht reichen, nehme ich erst ihre Hand weg und wende dann das ganze Kind ab. Sekunden später ist sie wieder an der Steckdose. Ich wiederhole die Worte und das Abwenden. So geht es mindestens zwanzigmal. Ich hätte nie geglaubt, dass ein Kind im Krabbelalter schon so intensiv mit Regeln und Grenzen vertraut gemacht werden muss.
Marie ist ein nicht zu unterschätzender Partner, der mich herausfordert und meine Stärke und Konsequenz ständig auf den Prüfstand stellt. Ich sitze da unten bei ihr und wende die gleiche Energie für mein Verbot auf wie sie für ihr Wollen. Sie schaut mich auch böse an oder weint wütend. Ich bleibe liebevoll konsequent bei meinem *„Lass das!“* oder *„Stopp!“* oder *„Halt!“* und dem Abwenden ihres Körperchens von dem verbotenen Gegenstand. Scheinbar gibt sie irgendwann auf – aber nur, um sich nach einer Weile wieder an das Verbotene heranzupirschen. Dann bin ich aber auch schon wieder zur Stelle. Mit den gleichen Worten und dem gleichen Tun.

Auch Papa macht konsequent mit

So vergehen einige Wochen an allen möglichen Stellen in unserer Wohnung. Auch mein Mann macht konsequent mit beim Grenzen Setzen. Zwar bleibt im Haushalt im Moment einiges liegen, aber dieses tiefe Lernen von Lebensregeln ist wichtiger als Fensterputzen oder Staubwischen.
Die Belohnung für unser aufmerksames Dranbleiben ist, dass Marie inzwischen sogar bei Verboten, die wir ihr aus einiger Entfernung sagen, zu uns hinschaut und Dinge wirklich lässt. Sie kann sich auf die Glaubwürdigkeit unserer Anordnungen verlassen. Und dadurch bekommt sie auch ein klares Empfinden für Freiheit und Erlaubtes.
Ich habe das Gefühl, unser Kind respektiert uns jetzt als die Bezugspersonen, die es leiten können, die die richtigen Entscheidungen treffen und an denen es sich orientieren kann.
Und schließlich ist es dann so weit: Marie kann laufen. Und plötzlich nehmen auch die Gefahren zu. Jetzt wird uns erst richtig klar, in welcher Sicherheit sie sich durch das Hören auf unsere Anordnungen wiegen kann. Sie glaubt unseren Warnungen und folgt der Aufforderung, etwas Bestimmtes zu tun oder zu lassen.
Erfreulich sind Erlebnisse in Geschäften. Ich suche mir in der Drogerie in Ruhe Shampoo aus. Unsere Kleine betrachtet die Reihen mit den bunten Zahnpasta-

tuben, die in ihrer Augenhöhe aufgereiht sind. Der Verkäufer kommt ungläubig zu mir und fragt: *„Fasst sie denn hier gar nichts an? Reißt sie nichts runter?“* – *„Nein, ich habe ihr gesagt, sie soll alles schön stehen lassen.“*
Im Wartezimmer meines Arztes sage ich ihr: *„Wir müssen ein bisschen warten.“* Sie bleibt mit mir eine ganze Weile sitzen. Mein Arzt findet das großartig, weil die meisten Kinder ihm das Wartezimmer innerhalb kürzester Zeit auf den Kopf stellen. Aber warum soll ein kleines Kind nicht auch mal einen Augenblick warten können?
Im Supermarkt bekommt Marie einen eigenen kleinen Einkaufswagen mit der Stange mit dem Fähnchen dran. Es sieht zu süß aus, wie sie ihn durch die Gänge schiebt. Sie kommt wichtig hinter mir her gerollt und packt die Dinge ein, die ich ihr zeige. Sie schaut sich bei mir ab, wie ich mich vor der Kasse einreihe und macht es genauso. Und wir beide warten, bis wir unsere Sachen auf das Band legen können. Dann reicht Marie mir die Sachen aus ihrem Wagen, damit ich sie aufs Band legen kann. Denn dazu ist sie noch zu klein.
Weil wir unser Kind an den sich ständig wiederholenden Dingen des Alltags beteiligen, fühlt es sich inzwischen als wichtiges Familienmitglied. Es hilft richtig gern im Haushalt und übernimmt eifrig einfache Aufträge. Ich brauche mir gar keine Spiele auszudenken. Die Beteiligung an den vertrauten Tagesabläufen ist das beste Spiel überhaupt.
In jeder wissenschaftlichen Abhandlung über Kindesentwicklung lesen wir, dass Kinder am besten durch das Nachahmen lernen. Ist es dann nicht das beste Lernen, das normale Leben spielerisch zu erfahren? Ich muss nur dabei sein und mein Kind mitmachen lassen, anstatt es ständig in sein Kinderzimmer zum Spielen abzuschieben.
Wie unsere kleine Marie aber nicht nur über Nachahmung lernt, sondern plötzlich ihre eigenen Fähigkeiten ausbaut, ist geradezu abenteuerlich. Zum Beispiel schiebt sie sich einen Stuhl vor Höhen und klettert drauf, um etwas zu erreichen. Sie kommt mit Büchern angeschleppt, stapelt sie aufeinander, um sich dann draufzustellen und ihre Trinkflasche von der Arbeitsplatte zu nehmen. Das habe ich ihr nie gezeigt. Kinder sind wahrhaft kleine Genies.
Bei all ihren Experimenten halte ich mich höchst wachsam im Hintergrund und helfe erst dann, wenn es gefährlich wird oder sie sich in eine Sackgasse ma-

növriert hat. Mein Mann und ich sind sprachlos über Logik und Schlauheit eines so kleinen Wesens.
Bis so eine kleine Persönlichkeit zur Entfaltung gekommen ist, geht es allerdings auch ständig über Stock und Stein. Aus heiterem Himmel tritt ein neues Phänomen in das Leben unserer 22 Monate alten „Abenteurerin." Plötzlich schmeißt sie sich wütend auf den Boden, strampelt, macht sich steif und tobt. Sie scheint überhaupt nicht zu wissen, warum. Und ich erst recht nicht. Wahrscheinlich geht ihr irgendwas gegen den Strich – und ein Sturm der Empörung rollt über sie hinweg, ohne dass sie ihn steuern kann.
Ich stehe hilflos dabei, will sie streicheln, ihr helfen. Aber sie stößt mich weg und tobt noch stärker. Jetzt versuche ich gegen das Gebrüll anzuschreien, damit sie mich wenigstens hören kann. Auch das funktioniert nicht.
Am liebsten würde ich sie ins Bett packen und die Tür zumachen. Oder vielleicht hilft ein Klaps auf die Windel oder schütteln? Oder soll ich sie mit irgendetwas Attraktivem ablenken – vielleicht doch mal mit der Fernbedienung spielen lassen, damit sie sich beruhigt? Nein, bloß nicht! Die war ja immer tabu. Welche Inkonsequenz wäre das.
Ich bin hin und her gerissen. Alle Überlegungen gefallen mir nicht.
Ich bleibe erst mal nur bei ihr sitzen – hier am Boden – und warte, bis der Tobsuchtsanfall vorbei ist. Das dauert eine geschlagene halbe Stunde.
Jetzt sind wir wohl mitten in der Trotzphase. Ich weiß, dass die immens wichtig ist. Ich weiß auch, dass sie so ablaufen und ich sie klug begleiten muss. Aber wie soll ich das kompetent bewerkstelligen? Regeln zu respektieren und Weisungen zu akzeptieren, hat unser Kind ja perfekt verinnerlicht. Dieser neue Wesenszug aber reagiert auf gar nichts.
Ich habe drei neue Freundinnen gefunden. Wir lernten uns auf dem Spielplatz kennen. Alle haben wir gleichaltrige Kinder. Alle stehen wir im Moment mit unseren Trotzköpfen hilflos da. Wir vereinbaren abends ein Treffen. Die Väter hüten die Kinder. Wie die „Schicksalsgemeinschaft Trotzkinder" sitzen wir vier in einem kleinen Restaurant. Jede erlebt zur Zeit das Gleiche. Keine von uns weiß, was zu tun ist, um die eigene Hilflosigkeit, Wut und Aggression zu vermeiden.
Eine berichtet, dass sie etwas über das Festhalten des Kindes gelesen hat. Dabei geht es darum, dem Kind in seinem Chaos einen sicheren Ort zu schaffen,

an dem es seinen ganzen inneren Aufruhr beruhigen kann. Das kann nur ein einziger Ort sein – der in den Armen der Eltern. Wir müssen unser Kind fest in den Arm nehmen und warten, bis es wieder zur Ruhe kommt.

Weil es ja im Moment der völligen Desorientierung gegen Gott und die Welt kämpft, wird es anfangs auch in unseren Armen kämpfen, toben und flüchten wollen. Aber wohin bloß? Wenn wir dann wieder loslassen? Was hat es dann? Wieder das Alleinsein im Chaos.

Ich bin sicher, dass ein tobendes Kind trotz seiner Ablehnung doch zutiefst hofft, dass wir in seinem momentanen seelischen Zusammenbruch bei ihm bleiben, es begleiten und beschützen. Es braucht unsere elterliche Kraft und unser Wissen, um zu spüren, dass wir ihm helfen, in einem Chaosanfall nicht die Würde zu verlieren. So lernt es, uns zu vertrauen.

Wir vier Mütter beschließen ganz fest, beim nächsten „Ausraster" nicht mehr an ins Bett Packen, Ausschimpfen oder Ablenken mit Geschenken zu denken, sondern unser Kind so lange in die Arme zu nehmen, bis es sich darin ausgetobt hat. In zwei Wochen wollen wir uns wieder treffen. Wie es jeder von uns wohl ergehen wird?

Gleich am nächsten Tag bekomme ich Gelegenheit zu erfahren, wie es mir geht. Marie sitzt am Boden und will ihre Socken ausziehen. Den einen bekommt sie aber nicht über die Ferse hinweg. Sie zerrt daran herum, immer hektischer, wirft sich plötzlich rückwärts auf den Boden und brüllt los. Sie wälzt sich hin und her und hämmert mit den Fersen auf den Boden.

Ich wollte gerade Tee machen. Aber ich stelle den Herd ab und widme mich ganz dieser Situation. Jede äußere Störung wie Telefon oder Türklingel ist tabu. Ich nehme unsere Tobende auf meinen Schoß, sitze mit ihr auf dem Boden an die Wand gelehnt. Wir sitzen Bauch an Bauch. Ihre Beine sind um mich gelegt. Ihre rudernden Arme packe ich vor ihren Körper und ziehe sie fest an mich.

Ich spüre Maries abwehrende Kraft. Sie drückt sich mit Armen und Beinen von mir ab. Sie schreit, als sei sie auf Wahnsinn programmiert. Sie schwitzt, Rotz läuft ihr aus der Nase. Tränen fließen in Strömen.

Soll ich sie etwa so auf den Boden zurücklegen? Nein, ich helfe ihr mit meinem ganzen körperlichen Einsatz und den versichernden Worten, dass hier der

Platz ist, um ihr seelisches Chaos wieder in Ordnung zu bringen. *„Schrei dich aus! Kämpf dich aus! Ich bin da! Wir halten zusammen!"*
Ich werde immer stärker. Die Zeit spielt keine Rolle. Ich bin entschlossen, unserem Kind zu zeigen, dass es immer willkommen ist. Auch in der totalen Unleidlichkeit.
Wir leben den Konflikt aus. Lenken ihn nicht ab mit Geschenken, bedrohen ihn nicht mit Anschreien und Schütteln, ignorieren ihn nicht mit Wegschicken ins Kinderzimmer. Nehmen ihn in den Armen an und warten, bis er sich mit meiner geduldigen liebevollen Zuwendung wieder löst.
Ich packe ihre Arme immer wieder zwischen uns, zische keinesfalls das berühmte *„Pschscht"*. Ich sage ihr, dass sie sich ausweinen, austoben, ausschimpfen soll, bis wirklich alles raus ist. Kurze Pausen lassen mich glauben, es sei vorbei. Aber als ob sie meine Verlässlichkeit prüfen wolle, sammelt sie noch mal und noch mal alle Wut und tobt weiter.
Dann endlich – nach einer kleinen Ewigkeit – lässt sie sich auf einmal auf meinen Schoß zurücksinken. Sie schluchzt, legt ihren Kopf in meine Halskuhle, schaut immer wieder zu mir auf, sucht meine Augen und berührt mein Gesicht. So intensiv hat sie mich noch nie angeschaut. So mütterlich kompetent und stark habe ich mich nie zuvor gefühlt. Dieses Erlebnis verändert Mutter und Kind. Als ich meinem Mann abends von unserem Erlebnis in meinen Armen

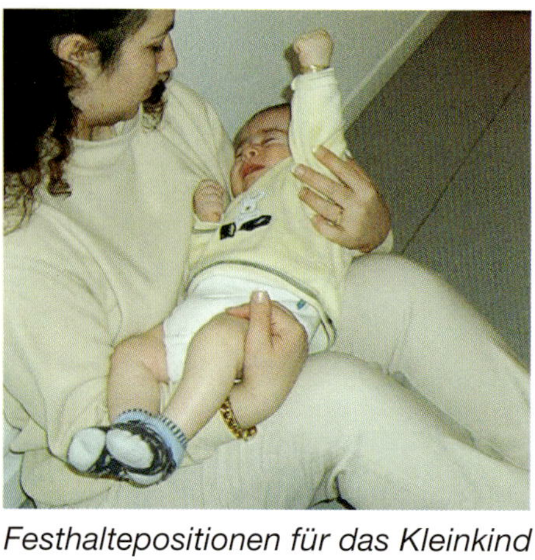

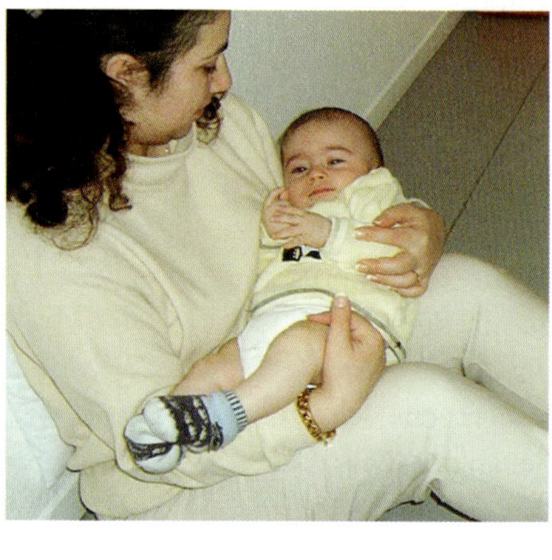

Festhaltepositionen für das Kleinkind

Festhalteposition für das größere Kind

berichte, findet er, dass er das niemals könnte. Er hat Angst, unser Kind zu bedrängen und seinen Willen zu brechen. Ich aber finde, ich breche nicht seinen Willen, sondern helfe ihm aus seinem Chaos heraus. Weil ich nicht gegen es kämpfe, sondern einfach bei ihm bin und es festhalte.
In den nächsten Tagen kommt Marie mir ausgeglichener vor. Sie kommt viel öfter zu mir um zu schmusen. Ein neues Band hat sich zwischen uns geknüpft. Mit meinem Wissen, unser Kind in meinen Armen zu sich kommen lassen zu können, habe ich einen Schatz entdeckt. Gelassen kann ich seinen seelischen Zusammenbrüchen entgegensehen und sie entsprechend begleiten.
Heute Abend treffe ich mich wieder mit meinen drei Freundinnen. Alle haben es mit dem starken Umarmen versucht. Und allen ist es – mit unterschiedlichen Erfahrungen – gelungen.
Was machen wir aber, wenn der „Ausraster“ draußen geschieht? Auf der Straße, an der Kasse, irgendwo unterwegs? Wenn Leute kopfschüttelnd auf uns herunterblicken und mir zu verstehen geben, was ich doch für eine schlechte Mutter bin, die so ein schlimmes Kind hat? Dann nehme ich meine Kleine einfach

zur Seite und helfe ihr wieder mit Berühren und etwas Geduld, ihr Gleichgewicht zurückzugewinnen.
Zwei meiner Freundinnen haben diese Situation bereits genauso bewältigt. Die dritte will es in einem solchen Fall ebenso machen. Niemals würden wir unser Kind vor anderen ausschimpfen oder an ihm herumzerren.
Wir waren also alle erfolgreich. Wir haben dem Sturm der Entrüstung standgehalten, bis sich unsere Kinder vertrauensvoll anschmiegten. Sie haben den Platz gefunden, an dem sie sich jederzeit Geborgenheit und Schutz suchen können.
Ich komme ziemlich spät nach Hause. Der Abend mit meinen Freundinnen war ein Highlight. Mein Mann kommt mir schon im Flur entgegen. Lachend.
„Rate mal, was ich heute Abend gemacht habe? Unsere Kleine machte ein riesiges Theater beim Ausziehen und ins Bett Bringen. Zuerst versuchte ich es mit Tricks, Zureden und Schimpfen. Nichts half. Dann habe ich es schließlich genauso gemacht wie ihr beide. Ich habe sie einfach in den Arm genommen. Und nach zwanzig Minuten sah sie mich ganz erstaunt an und ließ sich anstandslos ins Bett bringen."
Toll! Unser Kind hat jetzt also zwei kompetente Partner, die ihm helfen, lebenstüchtig zu werden und ihm Lebensregeln beibringen können.
Im dritten Lebensjahr wird es das soziale Leben am stärksten lernen müssen. Wir sind sicher, dass wir es mit unserem Verhalten dann erst recht so mit Qualität begleiten können.

Nur starke Eltern mit Geduld und Ausdauer schaffen den „Baby-Führerschein".

Dazu sagt die Expertin:

- Ihr Kind wünscht sich starke Eltern als Orientierungshilfe
- Es will Grenzen austesten und Regeln lernen
- Sie brauchen viel Geduld und Ausdauer, um Ihrem Kind Regeln für das harmonische Zusammenleben beizubringen

11

Besuch und fremde Leute

Schon beim Einzug in unser Zuhause nach der Geburt wird unser Kind von Besuchern geradezu bestürmt. Als erstes kommen die Großeltern. Es ist eine besondere Atmosphäre. Voller Spannung und Erwartung.
Ich bin noch schwach von der Geburt. Mein Mann ist nervös und unruhig.
Wie magnetisiert steuern Oma und Opa auf die Kleine zu und kommen ihr mit dem Gesicht ganz nah. Sie betätscheln ihre Wangen und reden auf sie ein. Noch schläft sie viel und spürt kaum etwas davon.
Fast identisch verlaufen die Besuche von Tanten und Onkeln, Freunden und Nachbarn. Wir denken, das sei normal. Wir wollen ihnen die Freude und das Interesse an unserem Kind nicht nehmen. Aber nach ein paar Wochen werden die Kontakte noch bedrängender. Unser Kind wird einfach von jedem auf den Arm genommen.
Es wird geschaukelt, gewiegt, im Gesicht gestreichelt. Es wird mit feuchten Lippen aufgeregt beschmatzt, von Einem zum Anderen weitergereicht und auf Schößen gehalten. Geschenke werden dicht vor seinen Augen hergezeigt und ausprobiert. Wenn die Kleine sich mit der Zeit steif macht oder anfängt zu weinen, wird sie nur hektischer geschaukelt oder anderen zum Trösten gegeben.

Wir Eltern sind jedes Mal abgemeldet. Und wir wissen genau, was uns nach den Besuchen abends blüht. Wir müssen unser Kind irgendwie wieder zur Ruhe bringen. Und das kann Stunden dauern – manchmal die ganze Nacht, weil es völlig durcheinander ist.
Unsere vorsichtigen Versuche, die Besucher um Zurückhaltung zu bitten, werden besonders von den Omas beleidigt quittiert.
Erst recht aufregend wird es, wenn wir eingeladen sind. Dann muss unser Kind nicht nur die gerührte Bedrängung aushalten, sondern auch noch die fremde Umgebung. Aber ich traue mich nicht, Einhalt zu gebieten, um niemanden zu verletzen. Gleichzeitig spüre ich aber ganz genau, dass all die gut gemeinten Sympathiekundgebungen mit so viel Nähe unser kleines Seelchen total überfordern.
Eines Tages kündigt sich ein befreundetes Ehepaar an, das für ein paar Tage geschäftlich in unserer Stadt zu tun hat. Einerseits freue ich mich, sie nach langer Zeit wiederzusehen, andererseits tut mir unser vier Monate altes Kind jetzt schon Leid. Welcher Bestürmung wird es wieder ausgesetzt sein? Es findet sich nämlich seit einiger Zeit schon sehr gut auf dem Boden zurecht. Wenn jetzt der Besuch kommt, wird es wohl wieder auf dessen Armen landen.
Unsere Freunde belehren uns aber eines Besseren. Sie begrüßen uns ausgiebig. Sie gratulieren uns zu unserem Baby und fragen, wie es uns geht. Sie gehen richtig auf uns Eltern ein und drängen nicht sofort an uns vorbei zum Kind, wie wir es gewohnt sind.
Sie haben auch ein großes Geschenk dabei. Ein riesiges Paket mit einer Schleife. O je, wir haben doch gerade Spielzeug abgebaut. Was soll unser Winzling mit so einem gigantischen Teil? Aber welch tolle Idee! Es ist ein Karton Windeln. Etwas richtig Brauchbares, das auch ganz schön ins Geld junger Eltern geht. Ich bin begeistert. Etwas für das Kind und für die Eltern.
Marie betrachtet die Begrüßung und die neuen Leute von ihrem Beobachtungsposten am Boden aus. Sie macht große Augen und dreht ihr Köpfchen hin und her. Sie hat Zeit, sich von ihrer sicheren Position aus an die Situation zu gewöhnen. An die fremden Leute, die Stimmen, die Bewegungen.
Wir setzen uns, schauen zu unserem Kind hinüber, reden mit ihm von unseren Sesseln aus. Die Kleine bleibt gelassen. Sie brabbelt, spielt mit den Fingerchen

und zupft an der Decke. Sie schläft sogar ein bisschen ein. Wir haben einen richtig guten Tag – trotz Besuch.
Unsere Gäste lassen uns auch in Ruhe, wenn ich pflege und füttere. Sie stehen nicht dicht dabei um zuzusehen. Um unsere Kleine etwas näher zu betrachten, setzen sie sich später zu ihr auf den Boden und imitieren leise die Laute, die sie von sich gibt. Sie verzichten darauf, ihr zu nah ins Gesicht zu schauen und sie zu tätscheln. Unsere Freunde sind angetan von ihr. Sie finden den Standort Fußboden ideal und unser neugieriges Kind dort unten einfach entzückend. Und ich finde ihre respektvolle Distanz und ihr sehr vorsichtiges Annähern an unser Kind beeindruckend.
An diesem Abend müssen wir keine Sonderaktion starten, um unser Kind zur Ruhe zu bringen. Das ist die Lösung! Wir geben Marie in Zukunft die Chance, jede neue Situation in Ruhe auf sich wirken zu lassen. Nämlich von ihrem Deckenlager aus. Wir gehen zu ihr hinunter, statt sie auf Armen und Schößen zu verunsichern.
Und weil wir das erkannt haben, entschließen wir uns, Freunde und Verwandte vor ihren Besuchen telefonisch um neues Verhalten zu bitten – genau um das Verhalten, das wir heute gelernt haben. Und was Geschenke anbelangt, sind praktische Dinge wie Windeln, Kleidung, Bettwäsche und Ähnliches ideal.
Alle finden die Idee gut. Wenn wir eingeladen werden und zu Besuch gehen, bereiten sie uns einen Platz am Boden vor, auf den wir unser Kind hinlegen dürfen. So wird es immer sicherer an verschiedenen Orten, mit verschiedenen Leuten, in verschiedenen Situationen. Und zwar, solange man sich seiner nicht bemächtigt, sondern seinen Platz und seine Würde respektiert.
Auch wir Eltern werden immer sicherer – nämlich im Entscheiden, wie andere mit unserem Kind umzugehen haben. Selbst die Großmütter halten sich inzwischen an unsere Richtlinien. Sie mischen sich nicht mehr ständig ein. Sie fragen sogar, was sie uns schenken dürfen. Neuerdings machen sie auch wieder Gymnastik. Sie begeben sich nämlich des öfteren hinunter auf den Boden. Und sie sind amüsiert: *„Unser Enkelkind macht uns fit und sportlich!"*
Als das so genannte „Fremdeln" oder die „Zehn-Monats-Angst" beginnt, hängt Marie mir regelrecht am Rockzipfel. Sie hat jetzt gerade das Krabbeln gelernt. Mir kommt es so vor, als sei sie innerlich zerrissen.

Einerseits gibt ihr die Natur jetzt die Möglichkeit, sich selbständig zu machen. Sie kann sich überall hinbewegen. Andererseits aber hat sie noch Angst, die Mutter zu verlieren, wenn sie von ihr wegkrabbelt. Mit dieser neuen Möglichkeit, selbst in die Welt hinaus zu können, muss sie wohl einen so gewaltigen Ansturm von Neuem verkraften, dass alles Zusätzliche eine Überforderung ist. Wenn ihr dann Fremde zu nah kommen, fühlt sie sich regelrecht bedroht und drängt sich geradezu in die Mama hinein, um sich vor dem Zuviel zu schützen. So interpretiere ich ihr plötzliches Mama-bezogenes Verhalten.

Ich lasse ihr Zeit, sich langsam an ihre neue Fähigkeit zu gewöhnen. Sie soll Ängste gegenüber der noch unbekannten Bewegungs- und Entdeckungsfähigkeit abbauen dürfen. Dabei kann ich ihr auch helfen. Ich halte allzu aufdringliche Leute mit freundlichen Erklärungen auf Abstand. Ich bitte sie einfach darum, ihr die Chance zu geben, sie von sich aus auf sie zukommen zu lassen – und auch nicht traurig oder beleidigt zu sein, wenn sie einmal gar nichts von ihnen wissen will. So geht es mit der Familie, mit Freunden und mit Fremden auf der Straße oder in Geschäften sehr gut.

Nach etwa vier Wochen ist das ängstliche Verhalten plötzlich wie weggeblasen. Unsere Kleine krabbelt los, immer weiter. Auch, wenn sie mich aus dem Blickfeld verliert. Sie untersucht fremde Umgebungen. Und sie blickt andere ruhig und lange an. Es war einfach gut, in der „Fremdelphase" mit zu intensiver Nähe und Aufdringlichkeit aus der Umgebung zurückhaltend zu sein.

Ich zwinge unser Kind nie zum Kontakt. Zu oft beobachte ich, wie Kinder genötigt werden: *„Jetzt gib doch mal ein Küsschen!" „Gib doch mal das Händchen!" „Nein, das schöne Händchen!"* Welches Kind beschließt dann nicht, überhaupt nie wieder jemandem die Hand zu geben?

Bei unserem Kind ergab sich das Händeschütteln eines Tages ganz von allein. Wahrscheinlich hat es durch reines Beobachten das Begrüßungsritual verinnerlicht. Jedenfalls gibt es jetzt plötzlich anderen die Hand und schüttelt sie auf und ab.

Es sieht wirklich süß aus. Unser Zwerg geht wichtig auf unsere Freunde zu und schüttelt ihnen die Hand. Unser Kind ahmt nach. Es entwickelt ein angstfreies, unverkrampftes Miteinander. Dieses Verhalten konnte von sich aus wachsen. Es wurde nicht mit unsinnigen Zwängen von außen belastet.

Mein Mann und ich haben nicht im Geringsten den Ehrgeiz, anderen beweisen zu wollen, was unser Kind schon alles kann. Wir dressieren es nicht, damit wir mit einem Superkind glänzen können – einem Superkind, das besser und schneller ist als andere Kinder. Was ist das für ein Druck für die Eltern – und erst recht für die Kinder!
Unsere Erfüllung ist es, wie unser Kind Fähigkeiten und Sozialverhalten aus sich selbst schöpft, bestärkt durch unsere einfühlsame Begleitung. Die Absprache mit unseren Verwandten und Freunden, wie sie mit dem neuen kleinen Erdenbürger umgehen sollten, hat zu einem angstfreien, offenen Persönchen geführt. Es hat Freude am Kontakt zu Anderen – und sie haben Freude an ihm.

Der Umgang mit Besuch und fremden Leuten:
Eine Sonderprüfung für den Baby-Führerschein

Dazu sagt die Expertin:

- Ihr Baby ist eine kleine Persönlichkeit mit eigenem Willen und eigenen Bedürfnissen
- Halten Sie Ihre Umgebung an, die Bedürfnisse Ihres Kindes zu respektieren
- Fordern Sie diesen Respekt von Ihrer Umgebung auch für sich selbst ein

12

Das Kinderzimmer

Eine meiner Freundinnen sucht eine größere Wohnung. Sie bittet mich, zu den Besichtigungen mitzukommen. Ich bekomme einige Kinderzimmer zu sehen. In der ersten Wohnung sehen wir das Kinderzimmer eines knapp Dreijährigen. Es gleicht dem Warenlager eines Spielzeugladens. Berge von herumliegendem, meist kaputtem Spielkram jeder Art verhindern ein vernünftiges Betreten dieses Raums. Die bunte Kindertapete ist gepflastert mit Dutzenden von Kinderbildern, Plakaten, Lichterketten. Die Fensterscheiben sind fast zugeklebt mit Klebebildern. Das Bett ist so bepackt mit Kuscheltieren, Teddys und Puppen, dass ich mich frage, wo das Kind überhaupt noch liegen soll. Der Eingang ist gesichert mit einem Türgitter, das dem Kind die Flucht aus diesem die Sinne betäubenden Gruselkabinett verweigert.

Auf und zwischen diesen Unmengen an Spielzeug thront das Kind. Es spielt gar nicht. Wofür soll es sich auch bei diesen Mengen entscheiden? Es nimmt mal dieses oder jenes in die Hand, legt es wieder hin oder wirft es durch die Gegend. In diesem Überfluss ist für eigene Fantasie und Kreativität nicht im Entferntesten Platz.

Wie würde sich ein Erwachsener in so einer Umgebung fühlen?

Ich speichere den Eindruck dieses Kinderzimmers unter *„So nicht!“*

In einer weiteren Wohnung treffen wir auf eine Familie, deren Kind zwei Jahre alt ist – so alt wie unseres. Das Kinderzimmer offenbart sich ordentlicher.

Aber die Wände sind rundherum mit Regalen zugestellt – von oben bis unten vollgepackt mit Spielzeug. Auffällig sind die Bälle in allen Farben und Größen. Die Eltern erzählen uns, ihr Kind spiele am liebsten den ganzen Tag mit den Bällen: Werfen, schießen, wegrollen, hinterher krabbeln oder laufen.
Ich empfinde das nicht als Spielen. Ein Ball ist ein ständig entrinnender Gegenstand. Er ist kein Spielpartner. Mit einem Ball allein – ohne Spielpartner – kann sich kein konstruktives, konzentriertes Handeln entwickeln.
Wir haben auch einen Ball zu Hause. Den hole ich hervor, wenn ich mitspiele. Wir sitzen uns gegenüber und rollen ihn uns zu. Wir stoßen ihn mit dem Fuß zu uns hin, geben ihn vom einen zum anderen. Wenn kein Mitspieler da ist, wird der Ball weggepackt. Werfen und Schießen geschieht draußen auf der Wiese und auf dem Spielplatz. Dort kann unsere Kleine üben, Geschicklichkeit mit dem Ball zu entwickeln.
Im Kinderzimmer der nächsten Wohnung leben zwei Kinder. Eins ist fünf, das andere acht Jahre alt. Es gibt ein Hochbett. An der Wand steht ein Schreibtisch mit Computer. Auf einem Brett an der Wand steht ein Fernseher. In einer Truhe mit scharfen Kanten und Ecken wird Spielzeug aufbewahrt.
Das kleinere Kind hat ein Plastikpult mit Stuhl, an dem es malen und basteln soll. Das tut es jetzt gerade nicht, es starrt stattdessen in den Fernseher, während das ältere Kind vor den Computer gebeugt ist und Spiele spielt.
Die beiden blicken noch nicht mal auf, als wir in der Tür erscheinen. Die Szene spiegelt die absolute Bewegungsarmut wider – und ein völliges Desinteresse an der Umwelt. Ich hoffe nur, dass die Eltern abends die Fernbedienung wegnehmen und die Sicherung des Computers herausdrehen. Wie wollen sie sonst kontrollieren, ob ihre Kinder, statt zu schlafen, nicht fernsehen und Computerspiele spielen?
In der folgenden Wohnung ist das Kinderzimmer nach den vorher gesehenen eine wahre Überraschung und gleichzeitige Erholung. Die Eltern haben zwanzig Monate alte Zwillinge.
Das Kinderzimmer sieht aus wie eine Spielwiese: auf dem Boden zwei Matratzen, darauf verteilt kuschelige Decken, Stofflaken und Kissen, ein Umzugs- und ein Bananenkarton. Eine Babywanne ist gefüllt mit vielen unterschiedlich großen und schweren Säckchen. Die haben die Omas genäht und mit Reis,

Bohnen, Erbsen oder Kastanien gefüllt. Plastikschüsseln, Dosen, Stoffbücher, Kuscheltiere und einige Dinge aus dem Haushalt dienen als weiteres Spielzeug. Gebannt beobachten wir eine ganze Weile vom Flur aus, wie diese einfachen Dinge die Fantasie der Kinder schier grenzenlos anregen. Sie krabbeln in die Kartons, spielen Auto und Schiff, drehen sie um und setzen sich drauf. Sie verstecken sich unter ihnen, holen sich Kissen hinein und machen sich eine Kuschelkiste.

Die schweren Säckchen werden hin und her geschleppt, in Wanne und Kartons eingeräumt, wieder ausgeräumt und aufeinander gepackt zu einem Turm, umgeworfen und aneinander gereiht wie eine Schlange.

Die Kinder rollen sich in die Laken ein und spielen Geist. Die Matratzen werden gehörig zum Toben genutzt. Die Kleinen lassen sich unentwegt darauf fallen, rollen und wälzen sich herum. Dann bleiben sie plötzlich wieder still liegen und genießen eine Weile die weiche Unterlage zum Ausruhen.

In den vorher gesehenen Kinderzimmern saßen die Kinder auf harten Böden oder Holz- und Plastikstühlen. Es gab keine Möglichkeit, herumzutollen oder es sich auf einer weichen Unterlage bequem zu machen.

Ich frage die Eltern der Zwillinge, wo die Kinder schlafen, und wo denn ihre Betten sind. Betten? Gibt es nicht. Abends wird auf den Matratzen das gemütliche Bett hergerichtet. Die Kissen werden rund herumgelegt.

Hier können die Eltern auch beim „Gute-Nacht-Ritual“ eng mit ihren Kindern schmusen und müssen sich dabei nicht über Gitter hinunterbeugen. Morgens liegen die beiden über das gesamte Schlaflager verteilt. Sie haben ja reichlich Platz.

Meine Bedenken, dass die Kleinen ohne Gitter doch sicher ständig aufstehen und herauskommen, zerstreuen die Eltern. Ganz am Anfang war es so. Da haben sie die Kinder aber immer wortlos wieder zurückgebracht. So haben die beiden schnell gelernt, dass die Eltern sie konsequent und kompromisslos zu ihrem Schlaflager zurückbringen. Nach einer Woche war ihnen klar, dass es dabei bleiben würde und nachts nichts anderes geschehen wird.

Das werde ich jetzt genauso machen: Bettgestell wegräumen, viel mehr Platz und eine gefahrlose Tobemöglichkeit herstellen. So bleibt auch der Hüpfplatz Ehebett verschont.

Jetzt will ich noch wissen, wie diese Eltern es mit Spielzeug machen. Außer Decken, Laken, Kissen, Matratzen, Babywanne mit schweren Säckchen und ein paar Haushalts-Utensilien sehe ich nämlich nichts. Was die Mutter mir erklärt, leuchtet mir ein: Sie weiß gar nicht, was so kleine Kinder schon tatsächlich spielen sollen. Noch spielen sie mit dem ganzen Körper. Sie bilden die Grobmotorik aus und bereiten die Feinmotorik vor.

Sollen sie jetzt schon Autos schieben, Türme bauen, Puzzles zusammensetzen? Das kommt später. Dann werden sie auch Spielsachen bekommen – ausgesucht und nicht zu viel. Denn je weniger es sind, umso mehr wird die Fantasie gefordert, die das Spielen erst lebendig macht.

Im Moment aber spielen sie am liebsten mit den Dingen, mit denen auch die Eltern hantieren. In der Küche wird mitgemacht. Mit Schüsseln und Flaschen und Töpfen wird herumgewirtschaftet. Die Mutter hat für sie einen Topfschrank geopfert. Dort wird ein- und ausgeräumt, was immer sich findet. Sie packen sogar ein Kissen hinein und spielen Wohnung. Die Küche ist ein Ort grenzenloser Entdeckungen. Tabus wie Elektroherd und Mülleimer haben sie durch die elterliche Konsequenz verinnerlicht.

Im Wohnzimmer spielen sie mit Katalogen, umgedrehten Stühlen, liegen unter dem Tisch. Sie haben ausgediente Ordner, dürfen mit ihren eigenen leeren CD-Hüllen spielen. Sie haben bereits gelernt, durch das konsequente Wiederholen von Regeln zwischen ihren und den elterlichen Dingen zu unterscheiden. Die Kinder rühren die CDs, Ordner und Bücher ihrer Eltern nicht mehr an.

So ergeben sich unendliche Möglichkeiten, in der häuslichen Umgebung jede Menge spielerische Beschäftigung zu finden. Das kreative Spielen dieser beiden Kinder lässt mich zu dem Schluss kommen, dass wenig wirklich viel ist.

Wie wir ja inzwischen wissen, sind die ersten Lebensjahre unvergleichlich prägend. Werden den Kleinen nicht jetzt schon Unmengen Materialien – vorgefertigt in Farben und Formen – präsentiert, müssen sie ihre eigene Fantasie lebendig machen. So entwickeln sie Erfindungsgabe und die Fähigkeit der Improvisation. Sie werden ideenreich. Sie überraschen mit Flexibilität und finden Lösungen.

Meine Zurückhaltung mit Spielzeuggeschenken wird bleiben. Ich selbst hatte als Kind nur einen Bruchteil dessen, was Kinder heute als normal empfinden.

Die Spielzeugangebote in diesen Massen gab es in meiner Kindheit nicht. Selbstverständlich wird unser Kind Spielzeug besitzen. Wichtig ist aber, welches und in welchen Mengen. Das Kinderzimmer soll der Ort sein, an dem unser Kind sich bereits die Vorstellung einer lebens- und sinnesfreundlichen Umgebung zu eigen machen kann.

Dem Kind helfen, die eigenen Fähigkeiten zu entwickeln – das müssen Eltern können für den „Baby-Führerschein".

Dazu sagt die Expertin:

- Das Kinderzimmer Ihres Kindes sollte ein Raum sein, den Ihr Kind auch überblicken kann
- Einc wciche Möglichkeit zum Toben ist wichtiger für die Entfaltung Ihres Kindes als Berge von Spielzeugen auf dem Boden
- Geben Sie Ihrem Kind sinnvolles Spielzeug – bewusst und dosiert

13

Kleidung

Der Kleiderschrank unseres 22 Monate alten Kindes platzt aus allen Nähten. Es wird höchste Zeit auszusortieren und Platz für die neuen Größen zu schaffen.
Ich nehme jedes Kleidungsstück und entdecke eine ganze Menge neuer oder kaum getragener Sachen. Sie landeten im Laufe der Zeit immer weiter unten in den Fächern. Ganz oben liegen die am liebsten und am leichtesten angezogenen Hemdchen, Pullis und Hosen. Schon etwas verwaschen, aber die bequeme Lieblingskleidung von Marie.
Die nach unten verbannte Kleidung hatte aber auch ihre echten Mängel, die mich und erst recht unsere Kleine störten. Angefangen mit den Strampelanzügen. Meistens sind die Beine viel zu weit und zu lang. Sie verdrehen und verschieben sich um die Beinchen herum – und die Füße hängen sonst wo, nur sitzen sie nicht fest am Fuß. Sie irritieren die klare Wahrnehmung der Beine und Füße.
Oder sie sind zu kurz und stramm am Körper und spannen bis zu den Fußspitzen, so dass die Zehen unter Spannung stehen. Das Kind bohrt und macht die Beinchen steif. Es kann kaum die Füßchen zu sich heranziehen, weil die gesamte Länge nicht nachgibt.
Weil ich anfangs einige Strampelanzüge gekauft hatte, aber diese Unbequemlichkeiten schnell feststellte, habe ich einfach die Füße abgeschnitten und die Ränder umnäht. Jetzt bekommt unsere Kleine Socken und Kniestrümpfe an.

So kann sie viel besser die Beinchen heranziehen und strampeln. Inzwischen kaufe ich nur noch Hosen mit Gummizug und Abschluss an den Knöcheln, dazu kleine Pullis und Sweatshirts aus Vlies oder Trikot.

Schlimm für uns beide sind zu enge Halsausschnitte. Eine Tortur, sie über das Köpfchen zu bekommen. Die Ohren werden mitgezogen. Marie wehrt sich. Ich versuche es mit gutem Zureden und sanfter Gewalt zu schaffen. Das Gleiche beim Ausziehen: Die Ohren werden nach oben gezerrt, die Nase auch. Die Haare ziepen. Ist es dann geschafft, kommt ein hochrotes, zerzaustes Köpfchen zum Vorschein. Als ich Pullis mit seitlichen Knöpfen fand, habe ich gleich mehrere in verschiedenen Größen gekauft.

Es ist ja wohl so: Wenn man als Mutter etwas Hübsches für sein Kind entdeckt, kauft man es. So kaufte ich schicke Pullis mit Stehkragen und Hemden mit aufgesetzten Krägelchen. Sehr niedlich. Nur kaute unsere Kleine ständig auf dem Stehkragen herum. Die aufgesetzten Kragen rutschten dauernd hoch und störten an Wangen und Kinn. Ich zog sie unentwegt herunter, steckte sie dann nach innen. Zum Schluss habe ich sie mit ein paar Stichen festgenäht. Daraus klug geworden, kaufe ich solche Sachen nicht mehr.

Von einer Freundin bekam ich Sweatshirts mit Kapuze geschenkt. Auch einen kleinen Anorak. Aber auch sie landeten nach kurzem Ausprobieren ganz unten und wurden nicht wieder angezogen. Die unsinnige Kapuze verdreht sich und würgt am Hals. Liegt mal rechts, mal links neben dem Kopf herum. Sie hat sogar gefährliche Kordeln zum Zubinden, die eher den Hals zuschnüren. Einen praktischen Sinn kann ich einer Kapuze an Babykleidung nicht abgewinnen.

Der Anorak hat einen Stehkragen, der mit einem harten Reißverschluss ausgestattet ist. Er drückt und reibt an Hals und Kinn. Ich habe ihn nie ganz hoch gezogen, den Anorak aber sehr bald wieder ausgemustert. Jacken mit rundem Halsausschnitt, Mütze und Schal sind unsere Favoriten, wenn es um warme Kleidung geht.

Es gibt ganz selten Kleidung mit passender Ärmellänge. Das ist allerdings kein Problem, weil die Ärmel leicht aufgekrempelt werden können. Die Handgelenke und Händchen müssen nämlich frei sein, um die Feinmotorik ungestört entwickeln zu können. Spürt ein Kind ständig den Ärmelrand in der Handfläche, kann es nicht ungestört Greifen und Loslassen lernen.

Auch wenn es noch so schick aussieht, verzichte ich auf feste Jeans mit harten Nähten und auf kleine Oberteile aus festem Stoff. In den ersten Lebensjahren sollte bequeme Kleidung gegenüber modischer den Vorzug bekommen. Allzu oft sehe ich Kinder, die rennen, hüpfen, toben wollen, aber durch lange enge Kleidchen, viel zu feste Hosen oder starre, schwere Schuhe regelrecht in ihrer Bewegungsfreiheit gehindert werden. Grundsätzlich achte ich beim Kleiderkauf für unser Kind darauf, dass genügend Knöpfe für ein leichtes An- und Ausziehen vorhanden sind. Alles muss weich und dehnbar sein. Es darf den Bewegungsdrang keinesfalls stören.

Dabei hilft mir die Frage, wie ich mich selbst in den Sachen fühlen würde, die ich für unser Kind kaufe. Unser Kind lernt das schwierige selbständige Anziehen zuerst mit dem Ausziehen. Es hilft mit, die Strümpfe abzustreifen. Es zieht den Pullover über seinen Kopf. Vorher helfe ich ihm noch, aus den Ärmeln herauszukommen. Im Stehen schiebt es die Hose runter und setzt sich auf den Boden, um die Beine herauszuziehen.

So bekommt es allmählich die Fertigkeit für das An- und Ausziehen. Immer geschickter schlüpfen bald die Arme in die Ärmel und die Füße in die Hosenbeine.

Unser Lob über die zunehmende Selbständigkeit spornt es an, immer mehr allein zu versuchen. Später im Kindergarten wird es kein Problem mit der Frage geben, ob es sich schon allein anziehen kann.

Wieder hat eine Tätigkeit, die wir gemeinsam, wiederholt und mit viel Geduld mit unserem Kind täglich erarbeitet haben, zu großem praktischen Können geführt.

Wer den „Baby-Führerschein“ bestehen will,
muss auch über die richtige Kleidung Bescheid wissen.

Dazu sagt die Expertin:

- Kleidung muss vor allem bequem sein
- Achten Sie darauf, dass alle Kleidungsstücke leicht an- und auszuziehen sind
- Die Kinderkleidung sollte so weit geschnitten sein, dass sich Ihr Kind nicht eingeengt fühlt und es immer genügend Bewegungsfreiheit hat.

14

Zum Thema „Baby-Führerschein“

Wir haben keine Prüfung abgelegt, um den „Baby-Führerschein“ zu machen. Aber wir haben viel gelernt. Zum Beispiel, wie wir unser Kind so lenken, dass es seine Fähigkeiten in Ruhe entwickeln kann.
Bevor unser Kind auf die Welt kam, wussten wir nicht, was auf uns zukam. Aber jetzt wissen wir viel mehr. Denn alles, was wir gelernt haben, haben wir umgesetzt und dabei wichtige Erfahrungen gemacht. Das alles ist unserem Kind genauso zugute gekommen wie uns Eltern.
Wenn es eine „Baby-Führerschein“-Prüfung gäbe – wir sind sicher, das wir sie bestehen würden. Denn am Anfang der Straße seines Lebens sind wir mit unserem Kind schon gut unterwegs.

Sabine, Thomas und Marie

15

Experten-Tipps

Die Sache mit dem Schnuller

Ja oder nein? Ich sage: *„Ja"*. Von Beginn an. Das Kind ist doch ein Säugling! Das Bearbeiten des Schnullers trainiert die dreißig Muskeln, die koordiniert zusammenarbeiten müssen, um die Sprache zu bilden. Neben dem Saugen an der Brust oder der Trinkflasche stimuliert er zusätzlich die Mimik, bereitet gutes Essverhalten vor und plant die Mundfunktion für die Sprache. Er sichert auch den Lippenschluss.

Der menschliche Körper hat neben dem Atem- und Herzrhythmus noch einen anderen Rhythmus – nämlich den „craniosacralen Rhythmus". Dabei wird durch einen Pumpmechanismus des Gehirns vier- bis achtmal in der Minute Gehirnflüssigkeit als kleine Druckwelle durch den Körper geschickt. Funktioniert dieser Rhythmus kräftig mit guter Frequenz, dann sind Körper und Mensch in Harmonie. Durch die Stimulation des Gaumens mit leichtem Druck – zum Beispiel durch den Daumen oder den Schnuller – werden die Schädelknochen und das Gehirn zu einer guten Pumpfunktion angeregt. So wirkt sich der Schnuller sogar auch auf diese spezielle Funktion des Körpers noch positiv aus.

Kommt die Mundstimulation in den ersten Jahren zu kurz, wird das Kind sie später noch nachholen wollen und vielleicht Fingernägel, Bleistifte, Kaugummi kauen, mit offenem Mund herumlaufen und möglicherweise auch noch rauchen.

Aber wie bei allem ist auch hier die Dosierung entscheidend. Der Trainingseffekt fehlt, wenn der Schnuller den ganzen Tag im Mund hängt oder die Nuckelflasche ständig präsent ist. Also: Lassen Sie Ihr Kind den Schnuller eine Weile tüchtig bearbeiten. Danach gibt es wieder eine längere Pause.

Zum Durchschlafen eignet sich der Schnuller gar nicht. Denn der festgesaugte Schnuller schafft ein Vakuum im Mund und verformt den Kiefer. Deshalb geben Sie ihn nur zum Einschlafen und nehmen ihn nach dem Herausfallen weg. Die Flasche geben Sie nur, bis der Durst gelöscht ist. Dann wird sie wieder weggestellt.

Wurde der Mund mit seinen vielen Muskeln ausreichend stimuliert – das kann länger als bis zum dritten Lebensjahr dauern –, wird Ihr Kind den Schnuller immer seltener wollen. Schließlich wird es ihn dann großzügig verschmähen. Weil so ein großes Kind doch keinen Babyschnuller mehr braucht. Eines Abends wird er dann auf die Fensterbank gelegt, damit die Schnuller-Fee ihn für immer mitnimmt.

Die Sache mit dem Trocken- und Sauber-Werden

Das Kind braucht den intensiven Kontakt des Windelwechselns lange Zeit. Der Ehrgeiz, es so früh wie möglich schon zur Sauberkeit auf dem Töpfchen zu erziehen, tut Ihrem Kind überhaupt nicht gut. Er sorgt nur bei Mutter und Kind für reinen Stress. Wenn es soweit ist, wird Ihr Kind mit Sicherheit selbst signalisieren, dass es die Windeln nicht mehr will.

So geschehen ist das bei einem dreijährigen Jungen, bei dem sich die Mutter schon Sorgen machte, wie sie ihm endlich die Windeln abgewöhnen könne. Eines Tages, auf dem Spielplatz, beobachtete der Kleine einen etwas älteren Freund, wie er sich an einen Baum stellte und den mit einem beachtlichen Strahl anpinkelte. Damit war das Thema Windel erledigt.

Der Kleine riss sich den Klettverschluss auf, ließ die Windel fallen und vollzog das gleiche Ritual, das er bei seinem Kumpel gesehen hatte. Zwar noch längst nicht so geschickt. Einiges ging auf die Füße und kreuz und quer. Aber er erzählte tagelang, dass die Windel wegbleibt und er richtig pinkeln kann. Das große Geschäft erledigte er dann nach einigen Tagen auch stolz auf der Toilette. Die Windeln des gerade angefangenen Paketes verschenkte er spendabel an seine zweieinhalbjährige Freundin, die er „Schätzchen“ nennt. Welches Erfolgserlebnis! Das Kind selbst machte den Schritt und ist ohne irgendeine Sauberkeits-Erziehung sauber geworden – einfach, weil es an der Zeit war.

Die Sache mit den Aufforderungen

Bei notwendigen Anordnungen frage ich mein Kind nicht, ob es will oder nicht. Häufig stelle ich fest, dass Mütter Anweisungen in Frageform an ihre Kinder richten und die Stimme am Ende des Satzes anheben: *„Magst du die Schuhe anziehen?“ „Willst du mitkommen?“ „Wollen wir gehen? “ „Soll Mama dir die Nase putzen?“*

Was ist, wenn das Kind *„Nein“* sagt? Dann ist ja gar nichts mit dem großzügigen vor die Wahl Stellen. Welche Verwirrung. Die Mutter wird ihrem Kind trotzdem die Schuhe anziehen oder ihm die Nase putzen.

Ich bestimme mit ruhigem Ton, oft auch wiederholt, was getan werden muss. Und unser Kind hält sich inzwischen wie selbstverständlich daran. So hat es gelernt, sich zuverlässig an mir zu orientieren. Der Schlüssel für dieses klare Miteinander sind drei Worte: Konsequenz, Konsequenz, Konsequenz.

Die Sache mit dem Krabbelställchen

Solange ich denken kann, gibt es das Krabbelställchen. Ich war drin. Meine Geschwister auch. Meine Mutter erzählt, dass selbst ihre Mutter sie hineingepackt hat, wenn sie etwas zu tun hatte, wobei sie Ruhe brauchte und sich für einen Moment nicht um sie kümmern konnte.

Es kamen ein paar Kissen hinein und unsere Lieblingsgegenstände. Dann konnten wir beobachten, was Mami machte – wenn auch nur durch die Holzgitter. Wir hatten hier für eine Weile unser kleines Reich und waren vor uns selbst geschützt. Wir kamen nicht in Gefahr, weil unsere Mutter ihre Aufmerksamkeit auf etwas Anderes lenken musste.

Warum scheuen sich die Mütter heute, offen zuzugeben, dass sie ihr Kind gern mal für eine Weile im Krabbelställchen in Sicherheit bringen möchten? Weil alle sagen: *„Man nimmt ihm ja dann seine Freiheit."*

Aber für ein kleines Kind, das noch jede Sekunde beaufsichtigt werden muss, ist totale Freiheit eine Gefahr. Im praktischen Leben gibt es oft Momente, in denen die Mutter nicht uneingeschränkt aufpassen kann. Und genau für solche Momente empfehle ich das althergebrachte Krabbelställchen. Wird das Kind früh genug damit vertraut gemacht, wird es sogar gern öfter mal in seinem eigenen kleinen Reich sein wollen.

Die Sache mit den Unternehmungen und Reisen

Ich versäume nichts in den ersten Lebensmonaten unseres Kindes. Ich muss mir nicht beweisen, dass unser Kind mich nicht von meinen gewohnten Unternehmungen abhält. Das wird es nämlich – und das sollte es auf jeden Fall. Deshalb gehe ich zur Zeit nicht mit dem Baby in verrauchte Restaurants und laute Cafés. Ich mache keine weiten Urlaubsreisen. Ich mute ihm keinen anstrengenden Flug zu, stolpere nicht mit dem Kind vor der Brust über die Lavafelder der Kanarischen Inseln und wickele es auf der Haube des gemieteten Jeeps.

Ich stille mein Kind auch nicht im Bistro an der Straße vor flanierenden Leuten. Muss ein kleines Kind eigentlich schon Museumsbesuche mitmachen oder die Reizüberflutung auf Kirmes und Straßenfesten ertragen? Wie fühlt man sich wohl, wenn aus der Perspektive des Kinderwagens oder der geringen Körpergröße Hunderte großer Leute verkraftet werden müssen?

Die wenigen Monate, die mein Kind braucht, um sich mit seiner nächsten Umgebung vertraut zu machen, kann ich auf derartige Vorhaben getrost verzichten. Dafür bekomme ich ein entspanntes, gut orientiertes Kind, das später solche Unternehmungen locker verkraften wird.

16

Das Wichtigste in Kürze

- Der Tagesablauf darf nicht von Ihrem noch unwissenden Kind bestimmt werden. Denn das endet im Chaos. Ihr Kind muss lernen, sich an seinen wissenden, lebenserfahrenen Eltern zu orientieren.

- Ihr Kind sollte so früh wie möglich, aber spätestens ab dem zweiten Lebensmonat, seinen Platz auf einem Deckenlager auf dem Boden bekommen.

- Begeben Sie sich lieber auf die Ebene des Kindes hinunter, als dass Sie es ständig hochnehmen und auf dem Schoß oder Arm halten. Legen Sie sich zum Spielen und Schmusen einfach zu ihm auf den Boden.

- Machen Sie alle Handgriffe mit Ihrem Kind langsam.

- Heben Sie Ihr Kind aus der Rückenlage mit einer Drehung über die Bauchlage hoch.

- Tragen Sie Ihr Kind immer mit dem Blick nach vorn in den Raum.

- Legen Sie es über die Seite hin. Variieren Sie die Seiten, sonst wird es einseitig oder schief.

- Legen Sie es nur für das Bäuerchen über die Schulter.

- Helfen Sie Ihrem Kind von Anfang an, einen Rhythmus zu finden. Legen Sie Zeiten für das Essen fest, an die es sich verlässlich halten kann. Unregelmäßiges Füttern – nur nach dem Bedürfnis des Kindes – führt zu keinem geregelten Miteinander.

- Erlauben Sie Ihrem Kind auch das Weinen als wichtigen emotionalen Ausdruck. Bleiben Sie dann bei ihm und lassen Sie es lernen, sich selbst zu beruhigen.

- Verhelfen Sie ihm und sich selbst zu einem durchgehenden erholsamen Nachtschlaf.

- Geben Sie ihm wenig Spielzeug, damit es in Ruhe seine Finger und Füße entdecken kann.

- Bälle, Rasseln, Mobiles, bunte Plastikspielsachen etc. machen Ihr Kind nervös und lenken es davon ab, zunächst seinen Körper und so sich selbst mit den Händen zu entdecken und zu begreifen. Es kann ohne diese Ablenkungen die Beobachtungsgabe für seine Umgebung schärfen und sich bereits Handlungsabläufe einprägen.

- Verzichten Sie auf jeden Fall auf das so genannte Spielzentrum oder Trapez.

- Warten Sie jeden Entwicklungs-Schritt ab, damit er von Ihrem Kind selbst erarbeitet wird und sich in sein Gehirn integrieren kann.

- **Sieben Entwicklungs-Schritte:**

1) Ihr Kind wird zunächst in der Rückenlage mit dem Mund, den Händchen und den Füßen spielen.

2) Als erste Fortbewegung wird es sich dann auf die Seitenlagen rollen. Es sollte entspannt in dieser wichtigen Position liegen bleiben können. Sie ist eine notwendige Gleichgewichtsübung.

3) Erst danach wird es sich selbständig auf den Bauch drehen. Etwas später wird es lernen, sich von der Bauchlage auch wieder zurückzudrehen.

4) Es wird zu Gegenständen rollen, sich später auf Hände und Knie stützen (Vierfüßlerstand) und dabei vor und zurück schaukeln (Rocking).

5) Danach beginnt es zu krabbeln. Erst nach dem Krabbeln lernt es, sich über eine Drehung selbständig hinzusetzen. Setzen Sie es vorher auf keinen Fall passiv angelehnt hin.

6) Beim selbständigen Sitz auf dem Boden ist es äußerst wichtig, dass Ihr Kind den Langsitz mit den Füßen nach vorn beherrscht. Es darf nicht zwischen den Knien, mit den Füßen nach hinten, sitzen (Zwischenfersensitz). Dieser Sitz verformt Hüften, Knie und Füße und führt zu einer schlechten Haltung. Er verhindert ebenfalls, dass das Kind seine Beine und Füße sieht und sie wahrnimmt. Es lernt nicht die Drehung vom Krabbeln zum Sitzen.

7) Anschließend zieht Ihr Kind sich an Möbeln hoch und geht um sie herum. Es wird selbst herausfinden, wann es loslassen kann, um freies Stehen zu üben. Schließlich wird es dann ohne Hilfe beginnen, frei zu gehen.

- Der Zeitraum dieser Entwicklung kann bei jedem Kind um Monate variieren. Ein Kind geht bereits mit elf, ein anderes erst mit zwanzig Monaten.

- Haben Sie Vertrauen in die körpereigene Intelligenz Ihres Kindes und geben Sie ihm Zeit, Geduld und Raum für seine individuellen Entwicklungs-Schritte.

- Bestehen Sie liebevoll und konsequent auf Regeln, Anordnungen und Verboten.

- Informieren Sie andere im Umgang mit Ihrem Kind, dass sie sich ihm nicht aufdrängen, sondern ihm respektvoll die Möglichkeit geben, von sich aus auf sie zuzukommen.

- Gestalten Sie das Kinderzimmer so, dass Ihr Kind die Möglichkeit des Tobens hat. Es soll durch reichliches Bewegen Körpererfahrungen machen können.

- Kleidung muss weich und dehnbar sein, damit das Kleiden nicht zur Tortur wird und die Bewegungsfreiheit einschränkt.

- Beherzigen Sie die Tipps – und Sie werden eine kleine Familie, für die „Stress“ ein Fremdwort ist.

Auf keinen Fall sollten Sie ...

... Ihr Kind im Babywipper parken
Ihr Kind kann dort keine Bewegungen lernen. Die Körperlast drückt auf den unteren Rücken.

... Ihr Kind mit Unterhaltungs- und Spielzeugangeboten verwirren
Seine Aufmerksamkeit wird damit stereotyp auf das Gleiche fixiert. Die unnatürlichen Farben, Formen und Geräusche machen es nervös und hektisch. Das Kind kann sich seine Umgebung, seinen Lebensraum, nicht ungestört zu eigen machen.

… die Bauchlage trainieren
Sie verhindert das ausreichende Begreifen und Erfassen der Vorderseite des Körpers und der Hände und Füße. Die Bauchmuskeln überdehnen, die Rückenmuskeln und der Schultergürtel verkrampfen. Das Kind lernt nicht die Drehung.

… Ihr Kind in Kissen gestützt hinsetzen
Der Rücken wird krumm. Ihr Kind kann, außer umzukippen, keine eigenständigen Bewegungen entfalten.

… Ihr Kind in Lauflerngeräte und Hüpfschaukeln hängen
Ihr Kind belastet so nur die Fußspitzen und kann Spitzfüße bekommen. Es entwickelt und speichert falsche Bewegungsabläufe, die sich auf seine gesamte motorische Entwicklung nachteilig auswirken. Die Geräte sind höchst unfallträchtig. Laufhilfen sind seit April 2004 in Kanada gesetzlich verboten.

… Ihr Kind an den Händen haltend das Laufen ungeduldig fördern
Denn auch das führt zum Gehen auf Fußspitzen. Ihr Kind gibt das Gleichgewicht an die helfenden Hände ab. Es verzögert das selbständige Laufen um geraume Zeit.

… sich dem Wettbewerb und dem Konkurrenzkampf zwischen den Eltern unterwerfen
Denn so einem „Musterkind“ bleibt keine Zeit, seine individuellen Fähigkeiten, Stärken und Talente in Ruhe zu entfalten.

17

Nützliche Adressen

Wichtige Adressen, an die Sie sich direkt wenden können, wenn Sie Fragen haben oder Hilfe brauchen

aid infodienst
Verbraucherschutz Ernährung, Landwirtschaft e.V.
Friedrich-Ebert-Straße 3
53177 Bonn
Tel.: 0228/8499-0
www.aid.de
Mit Förderung durch das Bundesministerium für Verbraucherschutz, Ernährung und Landwirtschaft.

Berufsverband der Kinder- und Jugendärzte e.V. (BVKJ)
Präsident Dr. Wolfram Hartmann
Mielenforster Straße 2
51069 Köln
www.kinderaerzteimnetz.de

Dietrich-Berndt-Institut zur Förderung der Homöopathie gemeinnützige GmbH
Herzberger Landstraße 110
37085 Göttingen
Tel.: 0551 485354
Fax.: 0551 531001
email: info@dietrich-berndt.de

Elternschule
Herausgeber für Programmbroschüren über Kurs- und Gruppenangebote sind die Jugend- und Bezirksämter in den Stadtteilen der Städte. Kostenlos zu erhalten halbjährig in den Ämtern, Apotheken, Sparkassen, Büchereien.

Förderergesellschaft Kinderernährung e. V., Dortmund
Heinstück 11
44225 Dortmund
Tel. : 0231 / 79 22 10-33
Fax.: 0231 / 71 15 81
www.fke-do.de

Kindernetzwerk e.V.
für kranke und behinderte Kinder und Jugendliche in der Gesellschaft
Hanauer Straße 15
63739 Aschaffenburg
Tel.: 06021/12030 und 0180/5213739
Fax: 06021/12446
eMail: info@kindernetzwerk.de
www.kindernetzwerk.de

Mütterberatungsstellen
Adressen sind zu erfahren in den Bezirksämtern der Stadtteile aller Städte, bei Kinderärzten und Hebammen.

PEKiP e.V.
Am Böllert 7
47269 Duisburg
Tel.: 0203/712330
Fax: 0203/712395
E-Mail: info@pekip.de
www.pekip.de

test
Kinder
Vom Säugling bis zum Vorschulkind
Ausgabe für Deutschland:
ISBN 3-931908-73-9
STIFTUNG WARENTEST
Lützowplatz 11-13
10785 Berlin
Tel.: 030/2631-0
Fax.:030/2631-2525
www.stiftung-warentest.de

OBERSTEBRINK

baby einstein

0-3 Jahre

Babys erste Schritte in die Welt

Classic-CDs für Babys

ISBN 3 938409 00 2

ISBN 3-938409-01-0

ISBN 3-938409-02-9

ISBN 3-938409-03-7

DVD-Bilderbücher

ISBN 3-938409-04-5

ISBN 3-938409-05-3

ISBN 3-938409-06-1

Entdecker-Karten

ISBN 3-938409-09-6

ISBN 3-938409-07-X

ISBN 3-938409-08-8

Nichts ist so groß wie die Neugier der Kleinsten. Baby Einstein™-Produkte stillen Babys angeborene Neugier. Sie zeigen die Welt aus seiner Perspektive und sind speziell auf seine Bedürfnisse und Fähigkeiten abgestimmt.

The Walt Disney Company ©